现代供应链管理

李 政 著

北方联合出版传媒（集团）股份有限公司

辽宁科学技术出版社

图书在版编目（CIP）数据

现代供应链管理 / 李政著 . -- 沈阳：辽宁科学技术出版社, 2024. 7. -- ISBN 978-7-5591-3748-7

Ⅰ . F252.1

中国国家版本馆 CIP 数据核字第 2024NH1781 号

出版发行：辽宁科学技术出版社
　　　　　（地址：沈阳市和平区十一纬路29号　邮编：110003）
印　　刷：北京虎彩文化传播有限公司
经 销 者：各地新华书店
开　　本：170mm×240mm
印　　张：13.75
字　　数：220千字
出版时间：2024年7月第1版
印刷时间：2024年7月第1次印刷
策划编辑：王玉宝
责任编辑：康　倩
责任校对：李　红

书　　号：ISBN　978-7-5591-3748-7
定　　价：88.00元

前言

在人类社会进步的历程中，企业管理理念随着经济的发展、人类生产实践的进步而不断演变和提升。在供给创造需求的经济时代，企业管理的重点在于充分利用人力、物力和财力资源，最大限度地提高产品数量。随着需求创造供给的经济时代的到来，市场开始出现竞争，企业的管理从提高产品数量转向提高产品质量，继而向更高层次的理念发展。经济全球化的出现和加剧，把企业管理带入了新的环境，企业的经营从纵向一体化转向横向一体化，乃至全球范围内的一体化发展。一些卓有远见的企业家开始探索能够整合社会资源、提升竞争力，以满足客户全方位需求的全新管理模式，于是，一种新的管理哲学——供应链管理理念逐渐形成。

伴随着经济全球化进程的加快，尤其是在中国已经融入国际社会，全面进入世界经济大舞台的今天，中国的企业怎样提升自身的供应链管理能力，进而动态整合全球资源，驾驭全球化经营的舱轮，不仅是业界也是理论界必须深入研究的重大历史课题。本书作者通过吸收供应链管理领域成功的实践范例、前沿性理论研究成果和前瞻性的信息技术，构建出了全面系统的理论研究框架，对供应链管理的理论和方法进行了深入系统的研究，旨在为供应链管理实践、理论研究提供有价值的参考。本书涉及供应链管理的方方面面，从供应链管理概述入手，系统介绍了供应链管理理论、供应链的路线、智慧供应链平台架构、大数据赋能供应链管理、绿色供应链管理、供应链战略与绩效考核、供应链质量与成本管理等内容。

本书主要服务于现代供应链企业中高层管理者，全面介绍现代供应链管理的相关内容。本书体现了理论上的前沿性，将供应链管理领域的前沿内容和成果传播给读者，同时又与企业实践紧密结合，既有助于读者深刻认识相应的理论与思想，又有助于通过企业的实践经验，学习、推行现代管理方法。本书内容兼具前瞻性与落地性，对于供应链管理人士具有一定的借鉴与参考价值。

本书在编写过程中，参考了国内外同人的大量学术成果，在此一并致谢。由于作者水平有限，本书难免存在疏漏及不足之处，敬请读者指正。

目　录

第一章 供应链管理概述

随着经济全球化和社会生产分工的进一步细化，企业所面临的经营环境已不再是单一的、确定的市场环境，而是快速变化的、全球性的竞争环境，任何企业都难以仅凭企业自身的能力来谋求竞争优势。产品的日益丰富和更新换代的加快，使得产品制造不得不放弃"先生产、后销售"的"推式"生产，而是采用订单式的"拉式"生产。生产周期的日益缩短，产品市场需求的快速变化，要求企业对市场变化有快速的响应能力，即要有良好的设计能力、生产能力、物流能力、金融能力和营销能力，而这全靠企业自己不仅行不通，而且效率也不高。为此，必须开展横向和纵向的联合与协作，尤其是与上下游企业的纵向合作，由此催生了供应链（Supply Chain，SC）与供应链管理（Supply Chain Management，SCM）的思想。

第一节 供应链及供应链管理

供应链概念的提出和其重要性与生产的专业化和全球化密不可分。以供应链的视角来看待全球化的生产系统，制造仅仅是链上的一个环节或一个节点。运输，尤其是跨洋运输，显得更加重要。同样，高额的持有成本也使得库存问题更加突出。在生产能力普遍过剩的今天，市场营销也受到了高度重视。产品的成本、质量、服务不仅仅与自己的企业有关，同时与上下游供应链关联企业有关。这就是当今经济社会"不存在企业与企业之间的竞争，而是供应链与供应链之间的竞争"的原因。

每个特定的企业都有特定的供应链结构。该企业的供应链结构是围绕该企业向上游和下游展开的。在包括企业制造（也包括服务产品的抽象的"制造"）节点的整个供应链中，我们既要关注企业内部，即企业核心技术、核心能力、专业生产能力，又要关注企业外部，即其上下游供应链管理能力，简称供应链管理能力。没有良好的供应链管理能力，不管其制造能力多么强大，最终都将面临被淘汰的局面。这一点在供应链相对复杂的先进制造业中表现得更为明显。换言之，先进制造业必须要有高效的供应链作支撑。供应链效率关乎制造业，尤其是先进制造业的竞争力。一个持久不衰的制造企业背后必有一个高效的供应链。

人们对供应链理解的不同，自然会导致其对供应链管理理解的不同。在供应链管理定义方面，影响较广的是美国供应链管理专业协会（Council of Supply Chain Management Professionals，CSCMP）的定义：供应链管理包括对所有涉及获取资源与采购、转化以及所有物流管理活动的计划和管理。重要的是，它还包括与那些供应商、中间商、第三方服务提供商以及客户等渠道伙伴的协调与合作。从本质上来说，供应链管理整合了企业内部和跨企业的供应与需求管理。供应链管理是一项整合的职能，其最基本的责任就是将企业内部和跨企业的业务职能和业务流程连接为一个紧密而高效的业务模式。它包括前面所述的所有物流管理活动和生产运营活动，并且促使市场、销售、产品设计、财务以及信息技术等职能的流程和活动的协调。《中华人民共和国国家标准：物流术语》对供应链管理的定义为："利用计算机网络技术全面规划供应链中的商流、物流、信息流、资金流等，并进行计划、组织、协调与控制。"国标定义强调了手段，实际上，手段不止一种，它更是一种集成化的管理思想和方法，是在满足一定客户服务水平的条件下，为使整个供应链系统成本最小或效益最大而对供应链中的物流、信息流、资金流、增值流、服务流以及贸易伙伴关系等进行的计划、组织、协调和控制的一体化管理过程。

第二节　供应链管理的内容

理解了供应链，供应链管理就易于理解了。一切与供应链效率和效益有关的内容就是供应链管理的内容。

一、供应链管理主要包括的内容

供应链管理主要包括4个方面，即供应管理、生产计划、物流管理和需求管理，具体包括以下内容。

（1）物料在供应链上的实体流动管理。

（2）供应商选择和合作伙伴关系管理。

（3）供应链产品需求预测和计划。

（4）供应链设计（全球网络的节点与边规划）。

（5）企业之间物料供应与需求管理。

（6）基于供应链管理的产品设计与制造管理（生产集成化计划、跟踪、设计等）。

（7）基于供应链的客户服务和物流管理（运输、库存等）。

（8）企业间资金流管理（汇率、结算、融资等）。

（9）基于互联网/内部网（Internet/Intranet）的供应链交互信息管理。

二、供应链管理强调的方面

与传统的物料管理和控制相比，供应链管理强调以下几方面。

（1）供应链管理把供应链中所有节点企业看作一个整体，其管理涵盖从最初供应商到最终用户的采购、制造、分销、零售等环节。

（2）供应链管理强调和依赖战略管理，"供应"是整个供应链中节点企业之间事实上共享的一个概念，同时它又是一个有重要战略意义的概念，因为它影响或者可以说决定了整个供应链的成本和市场占有份额。

（3）供应链管理最关键的是需要采用集成的思想和方法，而不是仅仅关注节点企业、技术方法等。

（4）供应链管理具有更高的目标，通过库存管理和相互合作达到更高水平的服务，而不是仅仅完成一定的市场目标。

第二章　供应链管理理论

第一节　供应链管理的理论基础

2004 年 1 月 15 日，中国学者聂茂林在国内外学者的研究基础之上，首次明确提出了供应链管理的八大管理原理。相较于传统的企业管理，供应链管理以八大管理原理作为思维逻辑基础。但我们通过对已有研究成果的梳理、分析发现，如果按供应链管理的研究主题内容来划分，现有的供应链管理大致可分为五大学派，即消费者响应学派、供应链网链结构学派、供应链运作模型学派、供应链协同学派和可持续供应链学派，它们都以一个或数个核心理论为思维逻辑基础。八大管理原理并不能完全满足供应链各学派发展的理论需求，因此我们在八大管理原理基础之上融合各学派观点提出十大核心理论，并以此为导向，探寻各学派的形成和发展、研究主题和拓展方向，以及未来供应链管理研究的前沿命题。

一、价值链理论

迈克尔·波特（Michael E.Porter）的价值链理论的核心观点是抓大放小，分清主次，重点关注价值链上的重大产出活动，并上升到战略高度。价值链管理就是以能够创造和获取价值的重要活动为出发点，形成的一系列战略管理方法。其中，供应链是价值链的一种表现形式，价值链则是供应链反映的内容。

二、消费者响应理论

消费者响应（Consumer Reaction）来自市场营销学对消费者行为的研究，指的是消费者作为主体，从企业产品、服务、行为或文化中获得的最初感知，到形成购买意愿，再到产生购买行为的整个过程中心理和行为的响应状态。企业要从消费者的响应态度、意愿、行为角度进行供应链的设计、管理和策略分析。不同的供应链管理策略，达到的结果也是不同的，管理者往往需要在速度、效益和满意度中寻求平衡。

三、集成理论

自 1973 年约瑟夫·哈林顿（Joseph Harrington）首次提出"集成制造"思想以来，集成思想引起了国内外学者的广泛关注。钱学森、马士华等学者在继承消费者响应学派和运作学派以往观点的基础上，将集成管理思想注入供应链管理体系。集成管理不是简单的相加，而是要形成"1＋1>2"的超额互补性结果。供应链集成管理重点在于：供应链各节点上的企业都将自身能产生竞争优势的资源参与到"链"上的集成活动中，实现"强强联合＋互补结合"的集成效应。

四、企业再造理论

迈克尔·哈默（Michael Hammer）和詹姆斯·钱皮（James Champy）提出的企业再造理论，本质是流程再造，是对企业核心领域的一场系统变革。供应链管理突破了企业内部运营管理范畴，将供应链上下游企业都纳入其中。这就要求企业重构供应链流程，以产品和服务相关业务为中心，实现整体供应链的利益最大化。

五、协同学理论

赫尔曼·哈肯（Hermann Haken）基于支配原理和自组织理论，认为系统并非单个子系统的简单相加，而是众多子系统的复杂集合。子系统之间会相互作用，通过有调节的、有目的的自组织作用对总系统施加影响。因此，协同学理论集合了系统原理、合作原理、共享原理，强调供应链中不能忽略供应链参与者之间的关系，需要采用协同的方法产生总体的协同效应。

六、三重底线理论

约翰·埃尔金顿（John Elkington）的三重底线理论强调企业在经营过程中的战略目标的多元化，不能将"经济效益最大化"作为唯一指标，而要综合考虑社会绩效和环境绩效。同样，供应链管理若缺乏三重底线的制约机制，企业各自盲目的趋利行为会传导到整条供应链，引起巨大的蝴蝶效应。因此，供应链上的企业要想可持续发展，必须共同坚守社会责任、环境保护和经济利益这三重底线。

七、可持续发展理论

1972年6月，第一届联合国人类环境会议上通过的《人类环境宣言》中首次提出"可持续发展"。1987年，《我们共同的未来》专题报告对其内涵进行了系统的阐述。可持续发展理论运用在供应链领域，强调供应链的发展要满足经济、生态、社会和企业4个方面的可持续发展，强调走绿色、低碳、环保之路。

八、TRIZ理论

根里奇·阿奇舒勒（G.S.Altshuller）的TRIZ理论，本质是分析问题中的矛盾，利用相应资源找到并解决系统矛盾，从而解决问题，获得最终的方案。基于TRIZ理论的核心要义，针对供应链管理创新中存在的问题，管理者应从资源盘点的角度找到解决问题的最优解，达到化解供应链冲突和解决问题的目标。

九、智慧供应链管理理论

智慧供应链管理理论是建立在新型信息技术的基础上，融信息技术与供应链管理于一体，实现供应链体系的高度智能化。其基本思想体现在4个方面，即敏捷、协同、精益和共生。该理论本质就是在供应链中引入数据要素，利用大数据、机器学习、云计算、区块链、物联网等新兴技术实现数智化决策，促进各个节点企业间的网状协同，减少供应链运营过程中的不确定性，实现供应链管理的创新。

十、知识管理理论

彼得·德鲁克（Peter F.Drucker）认为知识工作者是知识社会的主体，知识则是这种社会中的"硬通货"。知识管理的范围不应局限于知识本身，还应包括对知识活动、知识载体（知识人员、知识设施和知识组织）、知识形式（有形资产、无形资产）的全面管理。供应链知识管理是各国获取知识社会竞争密码的诀窍。

第二节　供应链网链结构理论

一、供应链网链结构学派的形成与发展

供应链网链结构学派的发展遵循一定的规律，根据发展的时序和相应理论成果，可将整个学派的发展历程分为萌芽期、奠基期和拓展期。

（一）萌芽期（1973—1990年）：遍地栽种，初露萌芽

时间：始于1973年，约瑟夫·哈林顿首次提出"集成制造"思想；终于1990年，集成管理理论基本成型。

特点：集成思想与理论被引入企业管理、工业制造、供应链研究等众多领域，产生集成管理理论、复杂过程系统管理综合集成理论、综合集成方法等理论，为深入探讨供应链集成管理理论奠定基础。

代表人物：约瑟夫·哈林顿、钱学森、马士华。

代表性成果：约瑟夫·哈林顿的《计算机集成制造》；钱学森等提出综合集成方法；马士华等提出复杂过程系统管理综合集成的概念框架。

集成管理理论的研究最早始于西方，1973年，在《计算机集成制造》一书中，约瑟夫·哈林顿提出了计算机集成制造（CIM）的概念，并从系统和信息的角度解释了管理集成是形成管理系统的一种方式，是解决复杂系统管理的综合方法。Stevens于1989年在 *International Journal* of *Physical Distribution and Material Management* 杂志上发表了 *Integrating the Supply Chain* 的文章提出集成供应链包括功能集成、企业内部集成和企业外部集成。1990年年初，著名科学家钱学森等人开始了集成管理理论的研究。他们全面总结了开放复杂巨系统的内涵、结构和方法，提出定性与定量相结合的综合集成方法，该方法的实质是在充分发挥"人＋数据信息＋计算机技术"的整体优势和综合优势的基础上，实现人的体验、知识、智慧和人文的人机结合、人网结合系统。在总结综合集成方法的基础上，部分学者较为系统地构建了综合集成管理的理论框架。1998年，Chase等学者在 *Production Operations Management—Manufacturing Services* 中提出供应链集成是从系统管理视角整合供应链的信息流、物流和服务流的过程。自此，诸多学者逐渐将集成管理与企业管理、工业制造、供应链研究等众多领域相结合，提出供应链集成管理这一重要管理方式，使得供应链的集成化问题得到国内外学者的广泛关注。2002年，沈小平等学者在研究综合集成理论及其过程模型中，进一步提出了复杂过程系统管理综合集成的概念框架。2006年，沈小平和马士华等学者以综合集成方法为指导，创新建立综合集成管理支持系统应用的概念框架。

在本阶段，集成思想与理论被引入企业管理、工业制造、供应链研究等众多领域，基于集成管理理论，集成思想在供应链管理领域得以成功应用，产生集成管理理论、复杂过程系统管理综合集成理论、综合集成方法等理论，这也为后期逐步形成的消费者响应学派、供应链协同学派和可持续供应链学派的相关理论提供了集成思想。而供应链运作模型学派处于萌芽期，其形成的企业运作模型在企业经营中的地位日益凸显，初步运用于供应链，为集成管理理论在企业管理、工业制造、供应链研究等众多领域的应用奠定基础。

（二）奠基期（1990—2014年）：循序渐进，初具雏形

时间：始于1990年，美国计算机技术咨询和评估集团 Gartner Group 提出企业资源计划（ERP），意味着集成管理进入供应链管理研究领域；终于2014年，供应链网络规划模型学说与供应链复杂网络演化模型学说形成并应用。

特点：形成一系列集成管理信息技术，使传统的"孤岛化"管理转向集成系统化，并进一步将信息集成的范围扩展到供应链层面，为供应链集成理论学说的形成奠定基础。

代表人物/公司：美国通用电气公司、美国计算机技术咨询和评估集团 Gartner Group、马士华等。

代表性成果：电子数据处理系统（EDP）；管理信息系统（MIS）；决策支持系统（DSS）；电子数据交换（EDI）；企业资源计划（ERP）；供应链集成网络理论。

1954年，美国通用电气公司开始应用计算机处理商业数据，标志着电子数据处理系统（EDP）的诞生。基于电子数据处理系统在管理领域的应用，集成管理进入萌芽阶段。随之集成管理接连经历了管理信息系统（MIS）、决策支持系统（DSS）、电子数据交换（EDI）的应用。1990年，美国计算机技术咨询与评估集团 Gartner group 将信息集成的范围扩展到供应链层面，使供应链的所有成员能够通过企业资源计划（ERP）管理平台实现相互沟通、信息共享、快速响应市场变化、调整经营计划，以共同实现利润最大化。基于ERP信息技术的发展，部分供应链领域的学者将集成管理理论与供应链深入融合，形成供应链集成管理理论。2000年，马士华等学者在《供应链管理》著作中提出，供应链集成管理把供应链中所有节点的企业看作一个整体，强调在企业间建立合作伙伴关系，这是一种"智能集成协同管理"模式，代表了未来管理的发展趋势。随后，2003年，吴涛等学者指出集成与协作的供应链容易导致双重边际效应、"牛鞭效应"等低效率结果。这些研究逐渐趋于一个共同的结论，即集成管理贯穿于供应链整个生命周期。此后，诸多学者将集成管理理论与供应链网络关系进一步结合，延伸得出集成网络结构、供应链集成网络理论等成果，最终形成供应链集成网络理论。直到2014年，供应链网络规划模型学说与供应链复杂网络演化模型学说才正式形成并被广泛运用于实践中。

在本阶段，由于信息管理系统的发展，集成与集成管理的思想与理论逐渐成为现代管理主流理论之一，为供应链的发展提供了全新的进化思路，为消费者响应学派和供应链运作模型学派的发展困境提供了解决思路，并通过管理思想理念整合集成知识、集成技术等，为供应链协同学派、可持续供应链学派的进一步发展提供了集成技术支持与战略指导。首先，随着集成管理思想的注入，供应链构建了优质高效的网络结构、提高供应链管理绩效，以实现风险共担、利益共享、协同运作的共同目标。其次，在供应链集成网络系统的运作下，企业的发展依赖供应链网络协同作战，供应链网络之间的竞争逐渐代替了企业之间的竞争。最后，经济全球化程度的加深，以及集成信息技术的不断发展，促使该时期形成了统一、协调、集成的供应链网链结构，促进供应链集成网链结构不断扩张。

（三）拓展期（2014年至今）：与时俱进，蓬勃发展

时间：2014年，Vila 等学者发文 *Designing Logistics Networks in Divergent Process Industries: A Methodology and its Application to the Lumber Industry*，开始引入数理模型解决集成供应链的网络规划模型问题。

特点：基于理论研究框架——集成管理理论，引入数理模型解决集成供应链管理问题，并在模型的合理性、优化性、综合性等方面改进、形成符合集成供应链网络的模型内容。

代表人物：A.Marte、Bakhsharab、赵志刚。

代表性成果：供应链网络选址模型；供应链规划模型；供应链分层演化模型。

随着全球化程度的加深，供应链网链结构呈现复杂发展的特性，由此，部分供应链集成领域的研究学者从数理模型工具寻求思路，构建供应链集成网络研究模型。2014年，基于设施选址模型和供应链网络规划设计模型，Vila 等学者引入供应链管理思想，对两级决策的多产品多期的供应链网络选址模型进行了研究。H.Min 于 2016 年对需求一定下单产品的多期供应链规划模型进行了研究。这些学者对供应链网络规划模型进行了广泛的研究与发展，形成了实用价值较高的供应链网络规划模型学说。2017 年，Bakhsharab 等学者使用本地 MADM 方法为每个节点生成初步网络并重新布线以构造供应链网络模型。Perera 等学者考虑供应链上节点企业的类型和链路权重的异质性，对网络进行分层，提出一种基于适应度的演化模型。2018 年，赵志刚等学者提出企业节点间位置吸引力的供应链分层演化模型，证明了模型具有幂率分布形式、小世界和无

标度特性，但他们以企业间距离作为影响新节点连边的因素，具有一定的片面性。廖治东等学者以复杂网络理论中的多局域世界模型为原型，提出了能够反映多种供应链行为要素的网络演化模型，并用公式推导论证了网络具有无标度特性。2020年，Kannan等学者提出了不确定性条件下的闭环供应链网络模型。

本阶段，先后形成了供应链网络规划模型学说和供应链复杂网络演化模型学说，使得供应链网链结构学派步入拓展期。一方面，供应链网络规划模型的出现，使得供应链集成管理有了更优的网络规划与设置，逐渐强化了供应链整体竞争力；另一方面，基于复杂网络理论，从供应链网络的稳定性和抗风险能力视角，形成的供应链复杂网络演化模型，是供应链管理研究的一项突破。

综合来看，供应链网链结构领域的研究经历了萌芽期、奠基期和拓展期，基于集成思想、集成管理理论等理论框架，形成了供应链网络规划模型、供应链复杂网络演化模型等理论模块。这些模块共同融合成系统的供应链集成解决方案，为供应链协同学派、可持续供应链学派的体系构建提供支持，使得供应链管理体系更加系统化，实践上更具可操作性。

二、供应链网链结构学派的主要代表理论

供应链网链结构学派经历了萌芽期、奠基期、拓展期，形成了3个主要代表理论学说，分别是供应链集成管理学说、供应链网络规划模型学说和供应链复杂网络演化模型学说。三大学说融合成系统的供应链集成解决方案，为供应链协同学派、可持续供应链学派的体系构建提供支撑，使得供应链网链结构学派体系更加系统化。

（一）供应链集成管理学说

由于信息化、模块化、综合化在管理领域逐渐被重视，集成思想与理论也逐渐被应用于供应链管理研究领域，形成一个重要管理方式——供应链集成管理。供应链集成管理沿着管理信息系统在管理领域的应用，形成集成化供应链管理模式，最终构成较为系统的供应链集成管理学说。

1.供应链集成管理学说的演进

随着计算机技术的发展，传统管理模式的运行效率不断被突破，传统的"孤岛化"管理被推向集成系统化，集成系统化成为集成管理流程设计和优化工具的载体。根据管理信息系统在管理领域的应用历程，集成管理的演变分为以下几个阶段。

（1）1954年，美国通用电气公司开始应用计算机处理商业数据，标志着原始的电子数据处理系统（EDP）的诞生。电子数据处理系统（EDP）是集成管理思想形成的最初载体，也是集成信息系统的初级形式。该系统通过简单的操作逻辑完成基层作业层面的日常操作，为运作层的控制管理服务。

（2）20世纪70年代，管理信息系统（MIS）发展成熟。MIS通常用于系统决策，是由人、计算机及其他外围设备等组成的进行信息收集、传递、存贮、加工、维护和使用的系统。MIS在企业集成管理应用中经历了从低级到高级的发展过程。在低级MIS的集成管理阶段，MIS仅限于高效处理单个模块的业务，使得发生在企业之间的采购、销售等业务形成"自动化孤岛"，集成的思想得不到足够的体现，供应链系统谈不上有效的运作。在高级MIS的集成管理阶段，MIS将原本独立的企业模块有机集成，实现部门业务的自动协调，使供应链在企业内部的运作处于相对平稳的状态，为供应链一体化管理的高效运作奠定基础。

（3）1990年，在市场需求的不确定、不稳定和竞争激烈的大环境下，美国计算机技术咨询和评估集团GartnerGroup基于供应链集成管理思想的理念，提出企业资源计划（ERP）。ERP是基于系统化的供应链管理思想，通过信息技术整合企业内外部资源，为企业决策层及员工提供决策运行的管理平台，故通过ERP建立的集成化供应链运作模式方案，可为实现共享资源和供应链整体优化目标提供支持。

（4）21世纪，高效安全的互联网（Internet）成为集成管理在供应链管理实践的主流趋势。与ERP阶段相比，互联网是一个更加开放的公共网络系统，它使得供应链中"链"成为一种基于协调中心的由多个环构成的网链模式。在这个网链模式中，供应链上企业的采购、销售、财务等过程都可以在互联网上进行，从而使供应链的集成范围扩展到全球企业。供应链集成在该阶段主要有几个方面的变化：一是集成化供应链中实体运送和资金流动交由专业的运输中介和金融中介承担，传统的批发、分销等中间环节的地位逐渐为这些中介服务商所取代；二是企业在信息获取、处理上不再受所在区域的限制；三是消费者也可以通过需求信息传达的方式参与企业的生产过程，形成按需生产和大规模定制等主要生产方式。

2.供应链集成管理学说的主要内容

（1）供应链集成管理的实施过程。

企业从传统的管理模式转向供应链集成管理模式，一般包括5个阶段。

①基础设施建设阶段。集成供应链在基础设施建设阶段的重点是通过总结和分析，消除传统的供应链中企业职能部门与供应链业务衔接性差等问题。一方面，基于企业的管理现状，分析得出阻碍企业供应链建设的力量；另一方面，结合内外部环境，确定适应性的供应链建设计划，完成企业供应链基础设施建设。

②职能集成阶段。在该阶段，主要沿着供应链的物料流，对企业的物流管理、制造管理以及分销端口进行集成重组，整个集成重组的目的是使公司现有职能部门、岗位和流程与供应链业务流程相适应，为内部供应链的整合做出调整。

③内部供应链管理集成阶段。该阶段的核心是完善企业内部供应链与外部供应链的集成衔接，提高供应链集成管理的效率。通常借助供应链计划（SCP）和ERP系统等集成技术，整合企业内部供应链的物流、资金流、信息流和工作流，对企业实施集成化的计划和控制，以形成高效的一体化供应链内部管理体系。

④外部供应链管理集成阶段。此阶段是供应链集成管理的关键，生产系统必须具有更高的灵活性，企业要具备需求同步、集成控制、计划完备的能力，确保供应链成员同步进行供应链管理，从而将企业内部供应链与外部供应商和用户整合，形成一体化的供应网络链。

⑤集成化供应链动态联盟。基于前4个阶段，原本分散于网链外的物流、资金流、信息流和工作流等已集聚为供应链共同体。共同体的运

作离不开信息共享的动态的网链结构，故在此阶段，要求集成化供应链形成适应市场变化、柔性、速度、革新、知识等需要的动态联盟系统。

（2）供应链集成管理的网络系统。

供应链集成网络是由供应商、制造商、分销商和零售商的企业实体共同组成，以实现原材料到成品并最终出售给用户的开放性、多产品链的企业供需关系的总和。正是基于供应链集成网络系统，供应链各主体之间才能通过物流、信息流、资金流、能流进行协调优化，呈现趋向聚集式发展的供应链集成管理。供应链集成网络系统最主要的不是"供应链"而是"集成"，它要求各主体将基本功能向外扩展，集成为扩展的网链结构系统，整个过程需要进行 5 个方面的集成。

①供应链的组织集成。供应链的组织集成是为相同的目标结成战略合作伙伴关系，也可看作一种虚拟形式的合作组织。首先，划分供应链范围，确定各企业所处供应链位置；其次，达成合作意向，明确合作协议；最后，统一管理制度，统一生产销售计划，建立整体调度和调配的供应集成机制。

②供应链的资源和核心能力集成。资源和核心能力的集成要求以提高供应链效率为目标，以实现企业价值为方向，整合有利于供应链的优质资源，如人力资源、机械设备、生产技术等，提升供应链的整体竞争力。

③供应链的市场交易集成。供应链上下游企业之间的供需联系构成资源市场交易。市场交易的集成可简化交错繁杂的交易链条，使供应链各成员企业能根据供应链的性质和自身企业的特点，识别和选择供应链协定的市场交易准则，以实现整体供应链上市场交易的公平、合理、透明，并形成集成规模，降低交易成本。

④供应链的计划与控制集成。供应链的计划集成指供应链集成主体实施计划的统一和协调，包括采购计划、生产计划和供应计划。计划的规整使供应链环环相扣，确保准时生产和供应，避免供应短缺和库存损失，最大限度地减少冗余数量，从而实现供应链的整体控制。

⑤供应链的信息集成。信息集成主要依托 ERP 管理平台技术，对供应链中产生的数据进行收集、汇总和分析，同时预测风险，帮助决策者高效管理供应链。ERP 管理平台使各环节之间的信息能够在平台上顺利、

及时地传递。一方面，供应链中的每个功能环节都可以实时处理各种业务的信息和报告，企业能够发现供应链中的不足并及时采取措施；另一方面，ERP管理平台为供应链中的每一个业务展示具体的场景，使公司能够更好地控制全局。

3.供应链集成管理学说的贡献与局限

（1）供应链集成管理学说的贡献。

综合来看，集成管理理论的出现具有一定的积极意义，主要表现如下所述。

①随着集成管理思想的注入，供应链管理的重点不再是企业内部的管理及优化，而是致力于成员之间合作关系的建立。自此，整条供应链上的节点企业趋于达成风险共担、利益共享、协同运作的共同目标，以在满足多种非经济目标的基础上，建立优质高效的供应链运行机制，提高供应链管理绩效。

②在供应链集成网络系统的运作下，供应链网络的整体工作效率不断提高，单个的企业节点对整个供应链网络的依赖性加强，企业的发展壮大不再完全依靠自身，而是和众多企业组成供应链网络协同作战，供应链网络之间的竞争渐渐代替了企业之间的竞争。

③集成管理在日益激烈的全球市场竞争中为供应链的发展提供了一个重要管理方式，塑造了统一、协调、集成的供应链网链结构，以凝聚的集成供应链系统管理思维促进各网链环节达到最优，进而促成供应链集成网链结构不断扩张。

（2）供应链集成管理学说的局限。

虽然供应链集成管理学说的研究已取得一定的成果，但仍然存在一定的局限性。

①较多的学者专注于集成管理的概念和理论的引进，对具体供应链管理问题的解决和可应用的数理模型的研究还较少，不能通过集成管理理论指导更宽领域的供应链管理实践。

②对于集成管理的研究多集中于单项领域应用，今后有必要进一步加强集成管理综合性应用层面，并完善形成系统的、更具普适性的集成管理理论。例如，将集成管理理论应用于我国企业虚拟组织的研究，同

时，也可以将集成管理理论应用于供应链风险控制的研究，分析供应链集成的影响因素、内在联系等，并建立相应的风险把控机制，以提升供应链整合绩效水平。

（二）供应链网络规划模型学说

供应链在经历了设施选址模型、供应链网络规划设计模型之后，最终形成供应链网络规划模型学说。供应链网络规划模型学说的范围涉及供应链管理的战略层、规划层和操作层，旨在建立完善的、具有不可复制性的网络规划体系，为供应链网络的运行提供最优的网络设置，使得供应链整体在市场中的竞争力逐渐强化。

1.供应链网络规划模型学说的主要内容

供应链网络规划是对供应链上所有节点成员进行整体的规划，包括在供应链设计过程中的设施选址问题、供应链具体运营和控制中的运输网络设计问题，以及处理这些问题时必须充分考虑的空间和时间等方面的因素。

（1）规划的任务与决策。

供应链网络规划模型是运筹学的一个重要研究领域，也是一个较为复杂而重要的系统工程。为使供应链网络成员间达到分工合作、多层级协作方式、多目标优化等目标，整个系统应明确对网络各节点资源进行整体规划、设置、调配、集成优化，以及实现网络整体增益和客户服务满意的目标。

总体的规划任务是确定制造商、产品产量以及每个节点产品的输入量与输出量等，从而确定产品从原材料起点到市场需求终点的整个流通渠道的结构，以实现经济效益最大化。细化的各阶段任务包括以下方面。

①确定网络中的设施。

②为设施点分配合适的客户对象、客户分布、客户订购产品、订购批量。

③对各设施点进行容量配置，考虑生产工厂和采购点的位置分布。

④确定设施之间的运输方式，思考配送网络规划影响客户服务的水平。

⑤分析维持和运营现有网络的成本。

（2）供应链网络规划设计。

供应链网络规划设计主要分为4个阶段。

①战略规划阶段。主要聚焦于界定企业竞争战略，分析企业政策及市场环境、竞争细分市场的状况，以及企业供需及设施现状，进而确定供应链网络规划设计的战略目标。

②网络设计阶段。主要初步确定各设施数量、选址区域、各设施服务范围，有3个方面的任务：一是确定网络结构、设施数量、功能及初步位置；二是进行需求预测，以确定设施建设的原则和类型；三是确定供应链网络结构形式及各设施的功能。

③选择潜在位置阶段。主要需结合供应链的软硬件条件，确定可能存在的设施点。硬件条件包括供应商的可获得性、运输服务、通信、公共设施和仓储等基础设施状况；软件条件包括可供雇用的熟练劳动力、工资水平、当地政府和社区对企业的接受程度等。

④选址及产能分配阶段。主要进行定量决策、模型决策、模型算法。其不仅需要定性地确定合作伙伴的关系、选择供应链的结构，还需要定量地确定供应链层级数量、各制造中心的生产数量以及供应链网络中的商品运输流量及方式等。

2.供应链网络规划模型学说的贡献与局限

供应链网络规划模型学说经历了设施选址模型、供应链网络规划设计模型，最终成为供应链网链结构学派的主要代表理论之一。

（1）主要贡献。

①为供应链提供最优的网络设置。网络规划主要通过合理有效的计划、管理以及控制等工序，确定产品从原材料起点到市场需求终点的整个流通渠道的结构。因此，供应链网络规划模型的出现，使供应链节点企业不断扩大供应链作用的影响，供应链网络的运行也得到最优的网络设置，使得供应链整体在市场中的竞争力逐渐强化。

②建立具有不可复制性的网络规划体系。网络规划问题是供应链管理最基本的问题之一。供应链网络规划模型在选址模型的基础上进一步发展，逐渐成长为一个较为复杂而重要的决策网络设计系统工程，供应链网络规划模型为集成供应链网络规划不可复制性的决策体系，提高了

供应链的可持续的竞争优势。

（2）局限性。

为了使现有的模型更大程度地体现现实中供应链网络规划的需求，还有一些局限性需要突破。

①供应链网络规划模型中的随机因素处理精度有待提升，特别是在随机因素同某些其他网络属性相结合的情况下，规划方案受随机因素干扰导致的偏差较大。

②供应链网络规划模型的目标函数需要进一步完善。供应链网络规划模型通常以成本最小化为目标函数，但对应成本最小化的决策可能导致企业没有盈利，故应结合投资回报率综合考量；同样，在以利润最大化为目标函数时，还可考虑增加利润下限约束，因为现实中的投资者，尤其是保守型投资者，往往期待自己的投入能够得到一定程度的回报保障。

（三）供应链复杂网络演化模型学说

随着全球化程度的加深，供应链网络系统中，各节点企业具有地理上的分散性、职权的自主性和充分的自治性，这导致单个节点企业的局部寻优决策行为引发不同主体之间的利益冲突，从而使供应链网链结构趋向于复杂化。于是，为供应链网络的动态演化提供模型解决方案，根植于复杂网络理论，经历了复杂网络理论、网络模型理论、供应链复杂网络演化模型，最终演化为供应链复杂网络演化模型学说。

1.供应链复杂网络演化模型学说的主要内容

为了适应供应链系统的持续竞争和协调发展，供应链网络不断演化出新的运行模式，并逐渐成为一个开放的、动态的、多层次的与环境密切相关的复杂模式。在这种复杂的网络结构中，通过对信息流、资金流、物流的控制，将节点对应的多个企业实体连接起来，围绕核心业务形成整体功能网络结构。就此，供应链领域的一些学者进一步运用复杂网络理论来研究供应链的动态行为，并结合数学模型工具构建复杂网络模型，揭示供应链的整体宏观本质，研究供应链网络的动态演化过程，最终提出供应链复杂网络演化模型学说。

（1）供应链复杂网络演化模型的性质。

供应链复杂网络的性质由供应链网络中的大规模节点及其连接的特

点决定。本质的差异意味着不同的内部网络结构，而内部网络结构的差异则导致供应链网络系统功能的差异。

①平均路径长度与小世界效应。供应链网络中两个节点企业之间距离的最大值称为网络的直径，网络平均路径长度 L 为任意两个节点之间距离的平均值。若一个供应链网络的平均顶点度固定，L 值随网络大小以对数的速度或慢于对数的速度增长，那么该供应链网络则具有小世界效应。

②传递性与群聚属性。集聚程度是供应链网络上的各节点企业形成集团化的程度即：A 与 B 是联盟关系，A 与 C 是联盟关系，则 A、B、C 可形成网络的内聚倾向。这意味着实际的供应链复杂网络并不是完全随机的，在某种程度上具有"物以类聚，人以群分"的特性。

③度和聚集系数之间的相关性。供应链网络度与聚集系数之间的相关性用于描述不同供应链网络结构之间的差异，包括两个方面：不同程度的节点企业之间的相关性，以及节点企业的程度分布及其聚集系数之间的相关性。

④社团结构。供应链网络具有"社团结构"，即各节点企业并不是完全独立的，整个网络因不同原因而存在"群"或"团"。

（2）供应链网络的演化机制。

以复杂网络理论知识为基础，结合供应链实际情况，构建供应链网络模型时，主要考虑以下 3 种形成机制。

①择优连接机制。加入供应链网络的新企业将根据标准选择与较优的企业合作。例如，根据企业实力选择连接节点的标准，当首先加入的公司是供应商时，其倾向于选择较强（业务需求较大）的厂商作为下游企业。

②局域选择机制。新加入企业受到节点类型的限制，新成员企业需要考虑其类型，然后在指定的邻里中选择合适的公司来发展业务关系。例如，当加入的新节点企业是供应商时，只能选择相邻级别的上游供应商或下游厂商开展业务活动。

③偏增长性机制。供应链网络的演化通常是从少数核心企业向大型供应链网络的演化。在供应链网络逐渐成长的过程中，节点企业不仅要关注新企业的进入和新业务关系的建立，还要应对老企业的退出和旧业务关系的中断，因此，为保持供应链网络的稳定，需要建立一种适应性

的供应链网络增长机制。

2.供应链复杂网络演化模型学说的贡献

在实际供应链网络中，网络的演化过程是一个复杂的动态过程。为了应对新旧成员的流动，供应链复杂网络演化模型学说为供应链集成网络上供需关系的节点的选择，提供解决方案。

（1）创新性地从分层视角研究供应链的复杂网络演化。

在复杂网络演化研究领域，大多以"节点度优先连接原则"作为网络连接和权重生成的基准，即程度越大，节点连接到新增网络节点的概率越大。层次化供应链复杂网络演化模型不仅以节点度作为判断节点重要性的依据，而且充分利用供应链节点的边权信息来反映不同节点在网络中的不同位置和角色。

（2）为供应链网络的动态演化提供模型解决方案。

由于供应链网络的复杂性，传统的数理推导求最优解等方法难以解决各成员之间的相互作用、内外部环境之间的相互作用、系统整体作用机制等问题；而复杂网络模型则能有效揭示供应链整体宏观性质和研究供应链网络的动态演化过程，从而为供应链网络的优化设计和管理提供具有实用价值的解决方案。

第三节　供应链协同理论

一、供应链协同学派的形成与发展

基于相关文献的检索与分析，依据时间演进的线索，将整个学派的发展历程分为萌芽期、奠基期和拓展期。

（一）萌芽期（1960—1998年）：思想启蒙，协同初成

时间：始于1960年，Clark在多级库存（销售系统）的研究过程中提出供应链协调管理思想；终于1998年，Beamon基于供应链集成的流程框架，阐述供应链协同是一种新的、综合的管理方法。

特点：从协调思想出发，阐述供应链管理从"协调—协同"的进阶发展过程，见证供应链协同管理理论的初步成型。

代表人物：Clark、伊戈尔·安索夫、Beamon。

代表性成果/理论：Clark 的供应链协调管理思想；伊戈尔·安索夫的《公司战略》；迈克尔·哈默和詹姆斯·钱皮的《企业再造：公司管理革命宣言》；Beamon 的供应链协同管理方法。

供应链协调是基于 Forrester 发现的产业动态现象而产生的供应链管理模式，且于 1960 年，由 Clark 等人在多级库存/销售系统的研究中，提出较为完整的供应链协调思想。1965 年，伊戈尔·安索夫等学者将协同思想引入企业管理领域，促进供应链协调思想的进一步升华。1993 年，在《企业再造：公司管理革命宣言》著作中，迈克尔·哈默和詹姆斯·钱皮对 BPR 进行了全面的论述，从此，BPR 理论随即成为席卷欧美等国家的管理理论，开启了供应链企业流程再造的管理革命。1994 年，Hewitt 等人认为供应链协调过程主要是对供应链上的节点企业内和企业间的信息流与资金流、物料运输过程的计划、控制以及调整。1996 年，Thomas 从业务流程视角将供应链协调分为不同的供销协调路径。1998年，基于供应链协调的广泛应用，Beamon 对供应链的流程框架进行较为系统的分析，并提出供应链的集成需要走向新的、综合的协同模式，这标志着供应链协同管理步入新时代。

在萌芽期，诸多学者对供应链协调管理的概念、作用机理、表现形式和作用效度等相关问题进行了一定程度的阐述。虽然研究视角不同，但供应链协调管理研究大体包括 3 类视角。一是从供应链协调作用机理的视角，相关学者认为供应链协调是一种在供应链合作伙伴之间进行沟通、交互、决策、控制以及调整有关的材料、零部件、资金、服务等的协同模式，为供应链网络中的关键经营过程提供支持。二是从供应链协调的表现形式视角，相关学者强调供应链协调的核心皆是竞合思维。三是从供应链业务流程协调与协同作用视角，相关学者强调协调供应链的目的在于避免冲突竞争及内耗，实现合作共赢的管理协同。同期，消费者响应学派、供应链运作模型学派、供应链网链结构学派和可持续供应链学派的相关理论思想已经崭露头角，分别开始形成各学派分支思想。

（二）奠基期（1999—2007 年）：视角多元，体系丰富

时间：始于 1999 年，著名的供应链管理专家 David Anderson 在 Syn -

chronized Supply Chains：The New Frontier 一文中指出，新一代的供应链战略就是协同供应链；终于 2007 年，供应商优化模型领域的成熟应用，推动供应链协同学派开创出模型学说。

特点：从企业内部视角与企业外部视角阐述供应链协同管理的演进发展，供应链协同的范畴扩展至各企业内外部的协同，使得供应链成为涵盖整个产品"运动"过程协同价值链。

代表人物：David Anderson、曾忠禄、杨德礼、葛亮。

代表成果：David Anderson 提出的协同供应链是供应链管理新战略的思想；曾忠禄提出的企业内部协同管理思想；葛亮强调企业间的协同战略；杨德礼提出三方协同管理思想。

1999 年，David Anderson 等世界著名供应链管理专家将协同供应链视为供应链管理的新战略。同年，Cachon 等人认为供应链协调的目的是结合、调整供应链上所有成员的行动目标，从而完成供应链的总体目标。自此，学者们开始认识到供应链的竞争力来自其协同内外部资源的能力，而供应链协同取决于企业内部视角的供应链协同管理、企业之间的协同管理、基于产学研的第三方协同管理等方面。

企业内部视角的供应链协同管理。2001 年，曾忠禄提出企业获得利润最大化或者继续保持竞争优势，需要加强对企业内部整体价值链系统的协同管理。2004 年，Manthou 提出供应链协同管理能力是区别市场竞争力的关键，而实现企业内部协同式管理的途径是不断创造价值。2008 年，杜栋提出通过耦合方式搭建有效的信息，企业可以创造大于各部分简单加和的企业价值，真正在较高层次上成为一个整体。

基于产学研的第三方协同管理。2003 年 3 月，杨德礼等人认为现代高效率供应链管理的重要标志是供应链上的企业将非核心业务外包给第三方服务提供者，这有力地促进了第三方物流的发展。2003 年 8 月，徐琪等学者提出协同管理需要关注产学研三方的合作与协调，协调企业、高校、科研机构的管理目标、组织和机制。

企业之间的协同管理模式。2005 年，葛亮等人提出根据公司的规模、技术支持能力选择合适的模式与多家供应商实行合适的协同战略，这是消除供应链协同瓶颈的主要方法。唐晓波等人认为，当各企业作为战略联盟，坚持产品、技术、管理、人员等的协同管理，并在企业间建立合适的供需关系，企业间的合作易于形成资源优势互补，强化核心竞争力。张翠华等人通过对协同供应链与集成供应链的比较说明了协同供应链是供应链发展的一种现实和理智的选择模式。Dudek也认为，形成企业协同的供应链模式是管理领域研究的热点。进入2007年，供应链管理更加注重通过信息的共享和处理，通过协同网络减少独立预测的盲目性和不准确性，降低供应链运行的总成本，推动供应链协同学派开创出模型学说。

在奠基期，逐渐形成了企业内部视角的供应链协同管理思想、企业之间的协同管理思想、基于产学研的第三方协同管理思想等。

（1）企业内部视角的供应链协同管理。由于企业在创造价值的过程中免不了经历一系列各要素联系活动，包括研究开发、设计、采购、生产营销、交货以及对产品起辅助作用的各种活动。为了获得利润最大化或者继续保持竞争优势，企业需要加强对企业内部的整体价值链系统的协同管理。

（2）基于产学研的第三方协同管理。从企业的角度看，企业作为研发、利益分配和技术实践的主体，需要加强专利与理论成果的转化能力，形成科技资源，以支撑产业链体系的发展。从政府角度看，政府在推动产学研协同创新时应充分发挥引导作用，及时有序地为产学研主体配置人力、财力、物力资源，建设科技信息平台。从高校角度出发，需要为知识转移的价值实现提供有效方案，提出发展专利和建立产学研网络协同模式。

（3）企业之间的供应链协同管理理论。企业间的协同管理包括纵向协调和横向协调两种方式，纵向协调是相关公司之间在整个产品生命周期过程中的协调；横向协调是在供应链中处于同一位置的各个公司之间的协调。在供应链上，每个节点企业在内部搭建高效的供应链管理系统，以实现链上各环节间的实时交流和信息共享，及时调整自己的计划和执行过程。

（三）拓展期（2007年至今）：理论升级，学说拓展

时间：始于2007年，张梅艳等学者引入第三方物流的VMI模型优化研究，标志着供应商管理库存（VMI）在供应链领域的成熟应用。

特点：基于信息技术与数理模型的应用，形成供应链复合系统的耦合度模型学说与供应链协同的优化分析方法学说。

代表人物：张梅艳、李静芳、龙宇。

代表成果：供应商管理库存（VMI）；李静芳将灰色关联模型运用于供应链的研究；龙宇将 Logistic 模型运用于供应链的研究。

供应链协同运作最典型的技术是供应商管理库存（VMI）。VMI 模式是以 QR（QuickResponse，快速反应）和 ECR（Efficient Customer Response，有效客户响应）为基础发展而来的。供应商管理库存最早于 1958 年由 Magee 等学者提出，VMI 模式在理论界得到验证，推动了其在生产实践中的应用。2007 年，张梅艳等人建立了分散式 TPL-VMI 和 Supply Hub 模式的理论模型，促进 VMI 模式在力量不对等的供应链中的应用，被学术界高度重视。自此，基于信息共享和需求精准预测的主要特点，VMI 推动供应链协同管理进入拓展期，形成信息共享更高层次的供应链协同管理理论。2010 年，朱志光等人认为企业内部协同基于联动的信息系统模型，而 ERP 的应用可以实现企业内部整个供应链的全面有效管理。2012 年，杜栋等人将 CMS 应用于公司的文档、资产、人力资源、客户、项目、财务、工作流等模块，形成公司的协同管理。

在这些应用的基础上，供应链协同管理的研究开始趋向于供应链复合系统的演化规律、管理决策分析、管理预测等方面。2009 年，李静芳等人针对绿色供应链的特征，构建多层次灰色关联分析法，得出合理的绿色供应链绩效评价体系。2013 年，龙宇等人运用 Logistic 函数方程拟合长江经济带下、中、上游货运量和 GDP，分析与测算物流通过供应链作用对经济增长的影响程度。2017 年，曾繁清等人运用耦合协调度模型，测算并分析影响金融体系与供应链产业结构相互耦合协同的主要因素。2018 年，王兆峰等人基于耦合协调度模型测算与分析湘鄂渝黔 4 个毗邻省市 2004—2016 年旅游供应链与旅游环境间耦合协调度的变化特征。2017 年，基于博弈优化思想，周熙登等人对双渠道供应链中的低碳减排投入、低碳宣传投入和低碳宣传分担率进行求解。2021 年，蹇洁等人基于多目标优化与博弈理论，分析集中式与制造商主导 Stackelberg 博弈模式下的供应链决策，并进一步均衡制造商、零售商等在供应链上的利润协调。

在本阶段，形成了复合系统的耦合度模型学说与供应链协同的优化分析学说等内容。

（1）部分学者将复合系统的耦合协调度模型引入供应链协同研究中，通过建立影响供应链协同的内外部评价指标体系，进行相关产业供应链的耦合度和协调度分析，形成了供应链复合系统的耦合协调度模型，使供应链系统的协同发展程度得到科学的测量。但供应链系统的复杂性决定了耦合协调指标体系和耦合协调的关系评价体系需要进一步完善。

（2）部分学者研究供应链优化的有效性和可行性测量模型，并提出相应合理的、科学的收益分配方法，以衡量和研究供应链协同的运作过程中的测量优化、决策方案优化与分析等，为供应链协同管理体系提供了方法支撑。

长期来看，基于协同管理思想的供应链协同学派经历萌芽期、奠基期、拓展期3个阶段，已形成以协同管理思想为理论框架，以供应链流程重组模型学说、复合系统耦合协调度模型学说与供应链协同的优化分析学说为基点的学派体系。在这个体系内，供应链的概念跨越了企业界线，开始从全局和整体的角度，将供应链从一种运作工具上升为一种管理方法体系，供应链成为承载企业内、企业间和第三方运作的协同系统。

二、供应链协同学派的主要代表理论

供应链协同学派经历了萌芽期、奠基期、拓展期，基于协同管理理论框架，形成了3个主要代表理论学说，分别是供应链流程重组模型学说、供应链复合系统的耦合协调度模型学说与供应链协同的优化分析方法学说，使得供应链协同学派体系更加系统化，被广泛地应用在供应链协同管理领域的实践中。

（一）供应链流程重组模型学说

经济全球化塑造了全新的市场竞争模式，传统供应链模式迫切转型。为了提高竞争力，供应链重塑产品流、服务流、信息流，对内外部业务流程进行重组为客户传递协同价值。

1.供应链流程重组模型学说的主要内容

真正有效的供应链不仅要求构筑协调性的管理体系，更需要通过文化、战略、体制等，对供应链上的流程进行有效变革和融合，以发挥出整个产业链的全体绩效。美国著名会计师事务所毕马威（KPMG）从企业内供应链和企业间供应链两个方面提出毕马威模型，构筑符合供应链流程重组体系的设想。

供应链流程重组主要经历了4个阶段。

（1）企业内部业务职能的重新设计。对企业内部的整个组织体制和业务职能进行再造，即将企业的生产、物流和销售等职能，重新分解为设计/计划、采购/供应、生产/开发、配送/物流、促销/销售管理、顾客服务/市场分析等六大机能。目的在于通过企业内各业务职能的综合和协调，为今后发展企业间供应链打下基础。

（2）企业内部业务流程的再造。要提高供应链的协同运作效率，除了组织结构的变革和发展外，还需要在具体的业务流程上进行创新。需要解决以下几个方面的问题：一是与主要的交易方建立战略联盟的关系；着手从某一业务领域或职能层面进行一定程度和范围的联盟工作，为后续进一步推动战略联盟的形成奠定基础；二是将制造商实施的客户分类管理与卖方实施的商品品类管理有机紧密结合，实现单品的日常管理；三是建立企业数据库，实现企业内部信息共享系统；四是在与其他公司建立互信联盟的基础上，实现POS数据共享。

（3）企业间的业务流程调整和能力整合。根据供应链管理思想，以企业战略为核心，实现企业所有组织、战略和业务流程的全面集成。

（4）实现供应链协同价值网。为实现整个供应链流程效率最优，应将供应链周边网络和尚未归位体系的企业加以整合，共同构建全面的供应链价值网络体系。供应链协同价值网络需要满足两点内容：一是增强需求识别和应对能力，提升响应和运作效率；二是稳定动态联盟关系，为供应链协同生态提供可持续发展机制，完善供应链竞合发展系统。

2.供应链流程重组模型学说的贡献与局限

（1）供应链流程重组模型学说的贡献。

供应链流程重组模型学说对供应链协同学派发展做出的贡献主要体

现在以下3个方面。

①打破传统供应链业务模式，推动供应链流程重组。企业流程再造（BPR）自20世纪90年代初被认知为一种管理思想，之后不断被修正和完善，从根本上提高了供应链协同管理的运营效率与管理水平。整体上，供应链流程重组模型学说打破了业务实施的传统方式，有效推动供应链协同管理进入新的发展阶段。

②形成新型的供应链协同结构。供应链流程重组模型的提出，以其思想的先进性和变革的彻底性使供应链业务流程各环节被协同整合，形成具备客户、供应商、研发商、制造商、经销商和服务商等合作伙伴的供应链协同结构。

③积极推动非核心业务的外包，提高供应链的敏捷反应能力。供应链上企业非核心业务的外包是通过企业之间的合作共同创造价值的方式，基于供应链流程重组模型的应用。企业业务外包既能实现经营风险和费用的降低，又能有效地提高价值网络对市场的敏捷反应能力。

（2）供应链流程重组模型学说的贡献与局限。

局限性表现在两个方面。

①注重整体流程的重组，忽略对各个阶段的重点进行把握。供应链流程重组注重在整个流程重组实施中的规划，但是实际上在流程重组的各个阶段关注的重点是不同的，影响程度会有差异。

②有待解决供应链转型阶段流程重组问题。供应链流程重组的更高阶段是业务流程范围重组和转型重组。随着技术进步和市场竞争的要求，供应链不仅通过流程重组开展提效的"减法"工作，而且更多的是依据市场的"蓝海"进行转型，因此有必要对供应链在更高阶段的流程调整和重组方法进行研究，以提高供应链流程重组的生命力。

（二）供应链复合系统的耦合协调度模型学说

由于供应链系统内部与环境之间存在信息传递、物质交换和能量流动，以及系统内构成要素的交互作用，使得该系统的发展演化极为复杂。因此，需要找到合理模型测量供应链系统内部各子系统之间的相互反馈、相互关联、相互影响的关系，进一步把握供应链系统的协同演化规律。供应链复合系统的耦合协调度模型学说揭示了复杂供应链系统经历"耦合理论—耦合度模型—耦合协调度模型"的动态演进过程，并为供应链协同水平的测量提供了解决思路。

1.供应链复合系统的耦合协调度模型学说的主要内容

耦合协调度模型成为供应链协同研究中最为常见的研究模型。基于系统协同理论分析，作为典型的复合系统，供应链自组织就是各子系统在发展演化过程中的耦合协调过程，且子系统耦合协调的程度决定供应链系统在临界点是走向有序或是无序的状态。

（1）模型理论。

在供应链复杂系统内，各构成要素相互关联、相互影响，自然因素与人为因素交互作用，使得该系统的发展演化难免会发生耦合关联。当供应链要素之间配合得当、互惠互利时，便形成一个良性耦合的系统；反之，一旦供应链主体之间相互摩擦、彼此掣肘，那么就会形成恶性耦合系统。在耦合理论中，耦合度主要用以描述系统或要素相互影响的程度，是一种静态衡量。但供应链复合系统的发展具有自组织性、协同性、可度量性特点，其表示两个及两个节点企业之间的相互协同、相互配合，最终使整个供应链协同系统从无序走向有序的过程，是一个动态发展过程。故在耦合度模型基础上引入系统协调度的测量，形成耦合协调度模型。供应链复合系统的耦合协调实际上是一个协同的过程。较多学者将协调度与耦合融合用于研究供应链协同管理领域，研究发现，供应链协同系统内存在各节点企业在空间上相互制约、在时间上相互衔接，最终构成具有特定功能的复杂动态的协同系统。

（2）模型的算法。

复合系统耦合协调度模型主要用于测量供应链复杂系统内各企业或各产业集群之间的耦合协调发展水平与趋势，用于探索供应链系统的协同演化规律。

假设测算供应链协同管理系统中的两个节点企业或两个产业集群的耦合协调度。那么，设 u、g_i 分别表示各企业或各产业集群的第 i 个指标的权重，各指标权重的赋值采用熵值赋权法计算，得出各企业或各产业集群综合贡献模型分别为：

$$U = \sum_{i=1}^{m} u_i \times U_i \times U_1, \quad G = \sum_{i=1}^{m} g_i \times G_1$$

于是，可得到供应链各节点企业或各产业集群的耦合关联度 M，可用以下公式估算：

$$M = \frac{2\sqrt{U \times G}}{U + G}$$

按耦合关联度的大小，可将各企业或各产业集群之间的耦合发展分为四个阶段（见表2-1）。

表2-1　耦合阶段与判别标准

耦合阶段	低水平耦合阶段	颉顽阶段	磨合阶段	高水平耦合阶段
耦合关联度（M）	（0，0.3）	（0.3，0.5）	（0.5，0.8）	（0.8，1）

如若采用面板数据对供应链子系统进行测算，则需要进一步测算两系统的耦合协调度（D），以更加精准地研究两系统间发展的整体功效与协同效应，并根据耦合协调等级的判别标准，划分供应链各节点企业或各产业集群的耦合协调等级根据耦合协调度的不同取值，将协调水平进行等级划分（见表2-2）。

表2-2　耦合协调水平等级

低协调等级				
耦合协调度	（0.0，0.1）	（0.1，0.2）	（0.2，0.3）	（0.3，0.4）	（0.4，0.5）
协调状态	极度失调	严重失调	中度失调	轻度失调	濒临失调
协调等级	1	2	3	4	5
高协调等级				
耦合协调度	（0.5，0.6）	（0.6，0.7）	（0.7，0.8）	（0.8，0.9）	（0.9，1）
协调状态	勉强协调	初级协调	中级协调	良好协调	优质协调
协调等级	6	7	8	9	10

衡量供应链复合系统时，耦合协调度越高，整个供应链系统越会表现出一直发展的趋势；反之，则说明供应链系统之间相互影响的程度较低，各子系统之间不能协调与配合，彼此相互牵制和约束，整个系统将会从原来的有序慢慢走向无序，甚至可能出现停滞不前或衰退消亡。因此，形成的耦合协调度测量机制共同描述供应链系统协同要素在发展过程中彼此和谐一致的程度，反映了系统由无序走向有序的趋势，体现了

系统间的动态发展过程和协同水平。

（3）供应链耦合协调度模型的应用范围。

近年来，复合系统的耦合协调度模型被广泛应用于供应链协同管理领域，根据模型的研究角度和供应链协同的性质，模型的应用范围主要涉及以下3个方面。

①宏观层面的应用。主要用于分析供应链上局部子系统群（区域创新体系、产业集群等子系统群）的协同演化特点与规律，以及通过与统计方法相结合，研究局部子系统群演化发展的关键作用机理和发展模式等。

②中观层面的应用。一方面，基于模型改进，将改进后的复合系统协同度模型用于检验研究供应链系统的动态协同、修正网链上的合作绩效指标等方面；另一方面，应用于研究供应链系统的协同发展。从系统的角度研究验证供应链内部不同子系统之间的耦合协调度，探究各要素之间的耦合度、协调度、关联性强弱。

③微观层面的应用。主要应用于链上产品、价格、技术等要素之间的关联性强弱的测量，剖析单个企业、区域产业等系统的协调发展机制。

3.供应链复合系统的耦合协调度模型学说的贡献与局限

为了对供应链复合系统要素之间发展的协同程度进行科学的测量，供应链复合系统的耦合协调度模型被广泛应用于供应链协同的实证研究中，并取得了良好的效果。

（1）该模型学说的贡献。

其贡献主要体现在复合系统耦合协调度模型是供应链协同其贡献管理中最为常见的研究模型。该模型主要用于衡量供应链各子系统之间协调一致的程度，反映系统从无序走向有序的趋势，从而揭示复杂供应链系统的动态发展过程和协作水平，为整个供应链系统做出更好的发展决策。

（2）该模型仍存在一些局限性。

①供应链耦合协调指标体系的研究需要进一步完善。一方面，耦合协调度模型要求测量指标大多以定性为主，但大部分供应链研究仍采用定量指标，导致所构建的指标体系在逻辑层面存在一些不完善的地方；另一方面，在后续的研究工作中，耦合协调度模型要求从主观和客观权

重相结合方面，确定供应链协同的复合系统指标权重，从而获得更加完善和科学的模型指标体系。

②缺乏综合测评方法。供应链复杂系统的耦合协调关系评价是一项系统工程，如果能够综合运用多种方法进行测评，结果会更加科学。因此，在后续的研究工作中可以通过与结构方程模型、系统动力学等模型结合，综合性探索各种变量与供应链协同的耦合协调关系或影响机理。

（三）供应链协同的优化分析方法学说

为应对供应链协同发展的复杂性、动态性、综合性，供应链协同研究领域的学者引入博弈优化模型、灰色关联模型、Logistic增长模型等数理分析方法以衡量和研究供应链协同的综合过程，这些聚类的优化分析方法共同形成了供应链协同管理的优化分析方法学说，为供应链协同管理体系提供了方法支撑。

1.供应链协同优化分析方法学说的主要内容

从目前的研究文献来看，供应链协同管理的优化分析方法主要分为两大类：一类是博弈优化，它是基于成本优化的市场运作角度，并以博弈理论来分析供应链博弈主体之间的关系，以确定博弈多方的优化策略；另一类是整体优化，它是基于灰色关联模型、Logistic模型等数理模型的预测分析，将供应链整体看成利益统一体，从战略性视角整体确定供应链协同整体的较优决策，使得整个供应链的效益最大化。

（1）供应链协同的博弈优化。

博弈论思想在合作关系中，强调合作关系的协调，以及主要节点企业如何采用博弈论协调各方利益主体的策略，注重研究整体供应链上各组成企业合作关系的制衡发展以及均衡条件，进而实现供应链上各方面的利益最大化。既然供应链协同管理的决策过程离不开预测选择，自然少不了各主体之间的博弈，即每一个链上的协同主体在做出决策之前，会基于对他人可能选择的方案的判断后，进行适应的决策优化行动。综合相关研究，供应链的协同博弈优化分析过程可简化。

供应链协同的博弈优化需要经历如下两个环节。

①第一个环节。分两步：第一步是确定博弈主体都认可的利润分配方案（系数），确定协同机制；第二步是根据利润分配方案，博弈参与方

确定对供应链协同的努力程度。

②第二个环节。从协同的角度对供应链复杂系统的策略进行衡量。若测量结果偏离最优，便会导致供应链成员的利润下降，破坏供应链成员之间的合作关系，尤其是当不断引入新的合作伙伴、新的零售渠道时，倘若收益分配不合理，就会导致部分企业产生机会主义倾向。所以，合理的收益分配才能保障整个供应链的长久合作。若整体供应链收益达到最优，则可进一步确立合理的利益分配方案。

（2）供应链协同的整体优化。

整体优化模式是对博弈优化的一种弥补，其将供应链看成利益一致的统一体，由于提升供应链协同发展能力的前提是清晰了解目前供应链协同发展的程度，而供应链协同的发展水平又依赖科学、合理的预测分析方法。基于不同的系统测量角度有不同的测量方法，通过文献总结，整体优化模式基于主流的预测方法（Logistic 模型和灰色关联模型等），进而确定供应链协同的战略性决策。

①基于灰色关联模型的协同测量。灰色关联模型是主要用于度量系统间要素关系强弱、大小和次序的一种方法，也是灰色系统理论中成果最丰硕、应用最广泛的方法之一。

由于灰色关联模型对研究主体分析不需要典型的分布规律，而且分析的结果也采取定量与定性分析相结合的方式，因此广泛运用于供应链复杂系统的测量，尤其是测量供应链协同主体之间的关联性与演化逻辑。

供应链灰色关联模型的构建实现了以下 4 个方面的转变。第一，应用领域的转变。从传统的系统因素分析转为供应链协同组合的预测、协同指标方案评价与决策等领域。第二，适用范围的转变。从曲线之间的关系分析转变为 n 维的供应链超平面间的关系分析。第三，研究对象的转变。供应链协同关联度模型的研究对象向多元化、系统化指标和面板数据过渡。第四，研究角度的转变。从早期基于点关联系数关联分析，转变为基于相似性的关联分析。

②基于 Logistic 模型的协同测量。基于 Logistic 增长模型，供应链协同学派将其进一步改进，用于供应链协同程度的测量。Logistic 增长模型在我国供应链决策预测中得到广泛运用，这得益于 Logistic 模型分析方法

对供应链协同变量度量准确率较高、变量的逻辑回归分析条件不那么苛刻、实证分析操作相对简单等优点。

综合分析，供应链整体优化的功能主要有两个方面。第一，合理分配或分摊供应链协同收益或者供应链总管理成本。通过 Logistic 模型和灰色关联模型的数理分析，可对供应链成员合作的方式进行优化，塑造供应链整体的竞争优势，增加系统的总收益或者减少总运作成本，但是必须建立公平有效的分配机制，实现供应链成员的双赢，才能够保持供应链系统的良好运作。第二，激励成员提供真实的信息。根据数理模型的预测分析，可寻找某些观测变量，将它们写入供应链协同契约，起到监督或激励变量的作用。如果信息激励成本太高，则可寻求其他方法（通过根本的改变管理模式等）进行制约与激励。

3.供应链协同优化分析方法学说的贡献与局限

（1）具体贡献如下所述。

①从博弈优化看，基于成本的优化的市场运作角度的新视角，以博弈理论来分析供应链博弈主体之间的关系，为供应链协同参与主体的决策提供依据。

②从整体优化看，整体优化主张从战略角度进行供应链决策的优化，即基于 Logistic 模型、灰色关联模型等数理模型的预测分析，从战略性视角整体确定供应链协同整体的较优决策，以最终满足供应链协同统一体的整体目标，从而达到了既合理分配协同收益和总管理成本，又激励供应链复合系统"协同多赢"的局面，避免"双重边际效应"问题。

（2）具体局限性如下所述。

①从博弈优化看，博弈模型的参与方通常为供应商和零售商，它只适用于供应链上局部化或分散化的决策优化，针对供应链复合系统的多方面企业主体的决策分析往往不能给予合理的决策方案。

②从整体优化看，战略预测需要基于历史的综合数据，以追求对未知样本的预测分析，这在供应链这一复合系统的数据获取方面就会存在一定的难度，预测的准确性也需要在未来实践中不断提升。

第三章 供应链的路线

第一节 供应链1.0：分段供应链

一、供应链1.0概述

处于供应链1.0的企业，往往经历了以产定销的阶段：外部市场处于供不应求的状态，公司生产什么，客户都会接收。客户即使不满意，也会忍耐等待，这样的环境极容易造成企业内部追求专业化分工，各部门只见树木不见森林，缺乏全局观，高层官僚作风蔓延，部门间山头林立。由于缺乏沟通机制，部门间争吵、推诿、扯皮的现象时常发生，总经理要经常扮演仲裁官的角色。当企业处于供不应求的外部环境时，企业内部的各种不协调会被良好的外部环境带给企业的高速增长所掩盖。现在的一些重资产企业，如化工、钢铁等行业巨头，仍有不少属于供应链1.0模式。

二、供应链1.0的组织架构

供应链1.0阶段的组织架构，以专业化分工、职能制管理、金字塔型架构为特征，供应链的相关职能被分解到各专业部门里，强调专业化分工，各部门都以本部门的KPI为行动方向，都不对最终结果负责。相关部门强调层层审批，会议多，协调成本高，"铁路警察，各管一段"的弊端已出现。在为企业做咨询时，笔者遇到很多企业反馈各部门权责不清，希望厘清职责，其实这时的组织架构使企业无法从根本上厘清权责，权责不清是专业化分工、职能制管理、金字塔型架构的必然结果。

三、供应链1.0的潜在问题

处于供应链1.0阶段的企业极易出现以下问题：第一，企业内耗严重，各部门本位主义，对市场变化反应不灵敏；第二，市场供需关系稍变，就会出现库存高、交付差、客户满意度低的问题；第三，公司氛围压抑，以管为主，各部门都在扩充边界，容易出现"太监干政"的现象。

企业管理者在面对这些问题时，为了提升各部门的绩效，往往会导入绩效考核，而绩效考核又偏向于"从专业进行考核"而非"从整体进行考核"，偏向于测量员工"做了什么"而非"取得了什么成果"，再加上领导的个人偏好，或是喜欢下属互相制衡，就会造成部门之间推诿扯皮，使问题日趋严重。

四、供应链1.0的解决方法

在分段式管理模式下，企业往往通过上下层级的金字塔组织架构进行协调，金字塔组织架构多以"控制"为核心，沟通层次多，决策速度慢，不能快速响应市场变化，无法适应激烈的市场竞争，同时容易产生官僚主义，患上"大企业病"。要解决分段供应链出现的"铁路警察，各管一段"的问题，不同国家的企业思路不同，总体来说，具体措施有建立跨部门协同的文化，建立基于整体贡献而非局部行为的考核体系。当然，也有一种方法是靠企业英明神武的领导，他能事无巨细地做出各种判断与决策。这里重点阐述日本企业、中国企业、欧美企业结合本国国民文化建立跨部门协同文化的不同方式。

（一）日本企业

日本企业强化客户服务理念，始终强调下道工序是上道工序的客户，让各部门找到自己服务的内部客户，并以联络、沟通、报告等方式解决跨部门协同问题。

（二）中国企业

中国企业推行企业文化建设来解决协同问题，比如心连心化肥，提出"三讲三不讲"的企业文化——"讲自己不讲别人，讲结果不讲过程，讲主观不讲客观"；开展自我批评，寻找自身可改善的地方，而不是指责其他部门；强化部门沟通机制，从而实现高绩效的增长。

（三）欧美企业

欧美企业强化团队理念，即"我们是一个团队"，强化跨部门沟通技巧。

总之，在这个阶段，随着竞争者的不断加入，外部供需关系正在发生变化，以产定销的模式渐渐无法满足客户的需求，"铁路警察，各管一段"式的管理内耗又降低了企业的竞争力，导致企业库存高涨、订单交付不及时、成本高、质量差等一系列问题。越来越多的企业认识到要"让听得见炮声的人来决策"。优秀企业开始引入集成供应链概念，建立协同型的组织架构来适应市场，这时企业升级到供应链 2.0（集成供应链）。

第二节　供应链 2.0：集成供应链

一、供应链 2.0 概述

供应链 2.0 的典型特征是集成供应链。集成供应链是指由相互间提供原材料、零部件、产品和服务的供应商、合作商、制造商、分销商、零售商、顾客等集成起来所形成的网络。集成供应链管理的方法打破了部门墙，企业可以根据内部供应链运营需要，建立"大部制"的组织架构，集成内部供应链各个环节的业务流程，建立高效协同的合作关系，统筹规划物流、信息流、资金流，以实现供应和需求匹配，在满足服务水平的同时，使整个供应链的成本降到最小。

绩效考核是组织行动的风向标，华为设定了 4 个主要绩效指标，即客户满意度、库存周转率、订单到发货的提前期和总成本，同时分析了当前现状和未来提升潜力，结合业界的改进实践，制定了每个绩效指标的提升目标及实施路线，并以这些指标作为设计端到端流程的基础。

二、供应链2.0的组织架构

华为对供应链的组织架构做了很大的调整。将计划与订单履行、制造工程部、制造部、采购部、区域供应部、质量部、物流部、计划业务管理部整合到供应链管理部。其中，将制造工程部、质量部也作为供应链的有机组成部分，表明企业提高整体效率的决心。

在集成供应链模式下，企业设立了供应链管理专业部门，从组织架构上解决了分段供应链中"铁路警察，各管一段"的部分问题，尤其是把和交付相关的计划、采购、物流、仓储集中在一个管理架构下，信息透明度和共享度大大提高。

三、供应链2.0潜在问题

集成供应链管理部门属于后设部门，它整合了本来分散在各个部门中的职能，因此部门人员不可避免地会沿用原来的工作方式和习惯。

这主要会导致以下问题：第一，供应链管理部门内部权责不清晰，职能空泛，灰色地带比较多，无法落地；第二，部门内部矛盾解决后，又会出现跨部门的矛盾，各部门互相抱怨。

四、供应链2.0解决方法

要想解决新成立供应链部门的问题，首先要抓好3个关键点。

第一，部门定位问题。这个问题不能只靠供应链管理部门自行探索，需要高层共同讨论，最终给出清晰明确的定义。

第二，首任供应链总监人选问题。不建议直接外聘空降，最好在企业内部选择。由于这是一个由多部门集成的新部门，人员关系复杂，对于管理者来说，领导能力比专业能力更重要，因此应该优先选择内部领导能力突出的管理者担任。例如，总经理或常务副总级别的领导亲自兼任，等系统稳定再进行移交，这样就能平稳过渡。

第三，重塑工作流程。由于新成立的部门容易产生权责分工不清晰的问题，所以，要梳理流程，重新定义组织架构，厘清岗位权责。

之后，销售、研发与供应链之间的跨部门协同问题会开始凸显，此时应将供应链2.0（集成供应链）升级到供应链3.0（协同价值链）。

第三节　供应链3.0：协同价值链

一、供应链3.0概述

近年来外部环境越来越不确定，复杂、多变的外部环境对企业产生如下影响：第一，需求多变，难以预测，计划性差；第二，交货周期长；第三，按时交货率低；第四，库存高；第五，内外部客户满意度低；第六，会议多，扯皮多，应收账款多；第七，利润少；第八，拖欠供应商货款。

不确定的环境对企业提出了更高的协同要求，单靠供应链和一个部门已无法解决上述问题。企业内部必须打破部门墙，供应链部门在更大范围与研发、销售建立协同，同时在外部与供应商协作，方能共同应对挑战。

企业应对市场竞争的作战部队，简单说是陆、海、空三军。研发是空军，设计出爆品，就可以从空中高维打击竞争对手，产品研发能力强是可以弥补营销与供应链不足的，其典型代表是苹果公司。营销是海军，通过准确的市场定位与营销手段，引导客户下单购买，其典型代表是小米公司。供应链则是地面部队，对外保证交付，满足客户期望，包括质量、时间、价格、服务以及客户体验；对内要控制库存，降低总交付成本，并且持续改善，其典型代表是丰田公司。

陆、海、空三军如果高效协作，就构成了企业的价值链系统。《国务院办公厅关于积极推进供应链创新与应用的指导意见》（国办发〔2017〕84号）对供应链的定义是："以客户需求为导向，以提高质量和效率为目标，以整合资源为手段，实现产品设计、采购、生产、销售、服务等全过程高效协同的组织形态"。这个定义不是供应链2.0阶段对供应链的定义，而是供应链3.0阶段价值链的定义。国务院办公厅的定义其实是想传递，只有供应链与产品设计、销售协同，才能更好地服务客户、创造价值的思想。

二、供应链3.0的组织架构

供应链3.0的组织架构是项目组作战模式，以华为铁三角为例，华为铁三角的项目组成员对应传统企业各职能部门如下：第一，客户经理对应销售，负责客户关系；第二，解决方案专家对应研发设计部门，为客户提供有价值的解决方案；第三，交付专家对应供应链，整合内外部资源，按时、按质、低成本交付给客户。

例如，华为铁三角把价值链中的三大职能从金字塔结构改造成项目组结构，三位一体，有效协同，共同面向客户，满足客户需求。华为铁三角给供应链从业者什么启示呢？

（1）市场导向思维。

打破以往金字塔组织架构和对上级负责的思维限制，建立对市场、对客户负责的新思维；"让听得见炮声的人来做决策"，快速响应客户需求。

（2）跨部门协同。

拆除部门墙，有些勇于变革的企业甚至会尝试取消中层，拆分出很多对市场直接负责的小微创业公司，原来的大企业成了孵化平台，简单来说就是：大客户，小组织；高协同，快响应。

（3）供应链人员积极主动。

因为客户满意是靠供应链最终交付来实现的，所以所有的压力都会转移到供应链职能身上，供应链管理者必须能够横向沟通，提前介入，主动参与，而非消极等待，事后抱怨。

三、供应链3.0潜在问题

供应链3.0要解决供应链与销售、研发之间跨部门协作的问题，在具体的流程上，以下问题成为关键：第一，如何让销售与供应链有效协同，使销售运营计划真正起作用，而避免成为产销协调会；第二，如何让研发支持供应链，推行面向供应链的设计。

四、供应链3.0解决方法

对价值链3个部门研发、销售、供应链进行整体考核，建立共享指标。企业建立敏捷供应链系统，将成品库存指标给销售；推行集成研发系统或目标成本法，将降本指标给研发。推行协作的文化与活动，提升领导力。推荐企业使用4D领导力系统，4D领导力系统由美国国家航空航天局前天体物理部主任、天文物理学家查理·佩勒林博士发明，它是对团队文化和领导力建设非常有效的学习系统。4D领导力是一套经过二十多年实践检验的科学有效的思想、方法论和工具，它具有以下特点。

（一）组织层面

营造高绩效、低风险的组织背景，提升客户满意度，提高员工保留率，增强组织正能量场。

（二）团队层面

提高团队凝聚力与执行力，激发团队创造力与愿景驱动力，增强部门之间的协作力。

（三）个人层面

提高自省与觉察，向内聚焦，提升责任感与敬业度，增强幸福感与归属感，全面发展4D领导力。借助4D领导力系统，在公司内部推行各种行动学习小组，由企业价值链（研发、销售、供应链）和供应商共同进行团队行动学习，团队共创，解决企业面临的难题，提升企业竞争力。

第四节　供应链4.0：智慧生态圈

一、供应链4.0概述

供应链4.0的一个典型特征是用最有效率的方式连接需求方与供应方，形成一个生态系统。下面以红领集团为例，说明生态圈建设的一些关键点。

红领集团以客户为中心，通过数字化打通自身的流程，创造出独特的价值。红领集团用了戴尔的"直销＋大规模手工定制"模式，构建了从客户到生产者（C2M）的个性化定制平台，以此为客户创造独特价值。目前，红领集团个性化定制系统能够保证工厂从接单到出货最长只需要7个工作日，使红领集团的生产成本降低了40%，利润率提高了100%以上，企业资产增加了，资金周转能力提升了。商务部在年度电子商务示范企业的案例描述中，对青岛红领集团有这样的描述。

（1）数据标准化，实现个性化定制。

随着消费水平和消费观念的提升，消费者的个性化、差异化需求日益增多，定制服装重新赢得人们的青睐。但是传统的服装定制需要量体师以手工的方式量体、打版、制作毛坯，并在顾客试穿后反复修改。红领集团基于过去在服装行业十多年的积累，构建顾客直接面对生产者的个性化定制平台"酷特智能"，采用数据建模和标准化信息采集的方式，将顾客分散、个性化的需求，转变为生产数据，创新打版和量体方式。

红领集团自主研发专利量体工具和量体方法，采用3D激光量体仪对人体19个部位的22个尺寸进行数据采集。采集的数据和版型数据库相匹配，客户只需在定制平台上填写或选择自己的量体信息、特体信息和款式工艺信息等数据，后台的智能系统就会根据客户提交的数据，自动将其与数据库中存储的模型进行比对，输出客户的尺码、规格号、衣片、排料图、生产工艺指导书以及订单物料清单等标准化信息，把个性化的信息变成标准化数据。与此同时，网页上会给客户展示一个3D模型。通过模型，顾客可以立体、细致地观察款式颜色、细节设计、布料材质等。这套系统还有自我更新的学习能力。随着越来越多的订单逐渐进入系统数据库，数据越来越大，系统的学习值不断提高，经验累积也越来越多，智能系统就变得愈发智能。

（2）流程模块化，实现批量化生产。

通过C2M平台提交消费者定制需求后，系统自动生成订单信息，订单数据进入红领集团自主研发的版型数据库、工艺数据库、款式数据库、原料数据库进行数据建模。C2M平台在生产节点进行任务分解，以指令推送的方式将订单信息转换成生产任务并分解推送给各工位。生产过程中，每一件定制产品都有其专属的电子芯片，并伴随生产的全流程。每一个工位都有可以从互联网云端下载和读取电子芯片上的订单信息的专用终端设备。

二、供应链4.0的组织再造与平台化共享

红领集团在管理上同步推行以客户需求为中心反向整合组织资源、以节点管理为核心的组织再造。红领集团全面整合和清除冗余部门，将原有的30多个部门整合为六大中心（供应链中心、生产中心、客服中心、财务中心、信息中心及人力资源中心）进行协同管理。供应链中心囊括了仓储、供应、研发、设备、生产等部门。原来是层级化管理，现在是平台化管理，无障碍点对点。整合是为了更好地协同，从而更高效地满足客户需求。同时红领集团建立了以客服中心为神经中枢的管理模式，即客户的所有需求全部汇集至客服中心，客服中心点对点直接下达指令，调动公司所有资源满足客户需求。客服中心的每个节点对外代表红领集团，对内则代表客户需求。红领集团借此消除中间层级，把客户需求与公司能力之间隔着的"墙"全部拆除，完全做到以客户为中心。与以客服中心为中枢的简化管理结构相匹配的是建立以节点管理为核心的管理模式。

平台化管理系统对供需伙伴开放，形成生态系统。未来，红领集团将聚焦于企业大平台的搭建，形成以C2M平台为主体的战略架构，将旗下酷特科技、酷特金融、酷特工厂及酷特电商四大板块紧密结合，以企业大平台承载各类平台的发展，同时逐步完善数字化云服务平台，通过云计算、大数据优化商业生态，实现行业产业链的聚合、复制、协同，建立一整套客服诚信保障体系。在拓展酷特智能C2M模式方面，红领集团拟吸收更多的制造企业，形成拥有庞大产业体系的C2M生态圈。酷特智能C2M模式将以"定制"为核心拓展多领域跨界合作，为C端和M端提供数字化、智能化、全球化、全产业链协同的解决方案。

其中，电商平台将持续在"定制式生活"的战略目标上发力，将定制扩展到服装以外的各生活场景。搭建平台，帮助千千万万制造型企业在平台上做直销。红领集团要的是一个彻底的C2M解决方案，帮助广大

的制造型企业进行软硬件转型升级，实现大规模定制模式下的平台化直销。

目前，经过持续科研投入，酷特C2M产业互联网平台已经研发出一整套完整的工业升级改造方案，包含全新的数字化治理体系和酷特治理平台、全数据驱动的个性化定制的全生命周期解决方案，可以帮助传统产业向智能制造转型升级。截至2021年底，其已在包括服装鞋帽、机械、电子、化工、医疗、家居建材、门窗等30多个行业的100多家企业中进行了实践和探索。

三、供应链4.0潜在问题

供应链4.0阶段充分体现了信息技术的便利性，但同时也凸显了技术本身的问题，包括数据安全问题，个人隐私保护问题，为追求短期利益利用大数据算法杀熟的问题，伪生态系统非法融资问题，以及可持续发展、上下游生态建设、平台压榨等问题。

四、供应链4.0解决方法

国家应鼓励创新，倡导、加强企业伦理建设。此外，企业还应利用技术手段，在发展中创新，如建立区块链诚信机制。

在供应链4.0年代，大数据研究消费者行为，众筹锁定客户需求，智能自动化实现柔性生产，生态圈实现伙伴多赢，区块链改变底层信任方式。

第四章　智慧供应链平台架构

第一节　智慧供应链运营平台的搭建

时至今日，大部分中国企业的供应链的运营依然大量在线下，例如，供应商的生命周期管理、生产线的排产、仓库内的作业管理、物流商的运营管理等。这些线下的运营操作，不但效率低下，而且还常常"藏污纳垢"，存在许多运营黑洞。为此，站在智慧供应链架构的角度来说，企业需要逐步构建一套符合自身运营和发展需要的"供应链运营平台"。

一、供应链运营平台 vs. 供应链中台

中台架构不是万能的。中台的目的是支持多种业务形态，通过一个中心化的产品底层平台，让前台业务在此基础上能够快速搭建适合各自业务发展的上层应用，实现"中台＋前台"的架构。它其实是产品平台的一种实现方式，同时也是一种组织方式，适用于业务多元化的企业集团。

当然，对于这种业务形态多元化的企业集团来说，既可以采用中心化建设的产品平台，也可以采用分散式建设的产品平台，这取决于多元化业务之间底层能力可复用程度的高低。例如，某企业集团的业务单元虽然分成了家电、快消品和服饰3个大类，但这些都是消费品业务，底层逻辑相似，可复用程度高，采用这种大中台的方式进行集约化产品建设可以大幅缩短建设周期和降低建设成本。另一家企业集团的业务则横

跨了化工、消费品以及地产行业，业务差异大，关联性不高，就不适合这种架构模式。

当然，即便采用了"中台＋前台"的架构模式，这些年围绕着中台应该做薄还是做厚依然有非常多的讨论。这里所谓的"厚中台"和"薄中台"是相对的，它指的是中台产品和前台产品之间的切分问题。中台如果做得比较厚，可以把偏业务应用层面的流程都囊括进去，做到极致就是连前台的应用断面都由中台统一建设。反之，中台如果做得比较薄，则通常只建设基础能力，并通过开放底层服务的接口或配置工具给业务前台进行业务应用的自主搭建或者配置。如果前台业务选择不用中台的能力，则从基础能力到应用端面都需要完全自主建设。

关于"厚薄中台"的讨论，本质上可以从产品和组织两个层面来理解。

从产品层面上来看，集约化的中台是对多项业务的共性诉求进行抽象后，将高度一致的、稳定的部分抽取出来放在中台来建设，而将个性化的部分留给前台自己来建设。如果中台对业务流程抽象得好，可就前台业务的新需求快速地进行搭建和配置，不涉及中台底层能力的修改。但是假如中台对业务流程抽象得不够充分，前台业务的新需求往往会击穿中台的底层能力，迫使中台对底层系统进行改造，这种改造往往牵一发而动全身，还有可能对共用同一底层能力的其他业务造成影响。

可能有人会说，只要中台在产品抽象方面做得足够好就可以避免出现这类问题。逻辑上是如此，但实际上前台业务发展的速度是非常快的，可能中台去年刚刚完成的业务逻辑抽象，今年就不适应业务新的发展需求了。因此实际的情况是，伴随着业务形态的丰富、业务种类的增加，中台的产品会变得越来越复杂，中台也会越做越重。尤其是对于供应链中台的产品来说，流程和流程之间的关联度极高，系统和系统之间的依赖度极高，这和偏营销类的流程关联度较低的中台产品架构有着显著的区别。

从组织的层面来看，前台业务在市场竞争中需要快速调整，通过不断变化来适应市场需求，但是"小前台＋大中台"的组织方式导致前台业务的需求很难得到中台团队的快速响应，前台业务在巨大的市场压力之下提出"抛弃中台、自建系统"的诉求也就不足为怪了。

为了解决这个问题，很多企业会通过"内部财务预算＋成本分摊"的方式来协调这一矛盾，也就是让前台业务手握预算，自主决定是采用由中台建设进而分摊建设成本的方式，还是采用完全自主建设而由自己承担全部费用的方式。这种内部市场化定价和交易的方式虽然未必能完全解决这一问题，但确实对双方都有一定的好处。中台方可以通过更好的系统抽象，通过压缩开发成本提高交付质量的方式，让前台业务主动地选择自己。而前台业务可以根据业务的发展和自己的需要，选择将资金投给中台还是投给自己的产品技术团队，甚至采用外购的方式来建设产品。

以上我们重点谈了中台的概念，它是一种适用于多元业务形态的产品平台架构方式和组织方式，是产品平台的一种。那么，对于大部分业务形态比较单一的企业来说，只需要围绕单一业务构建单一的产品平台即可。之所以称其为"产品平台"而不是"产品"，是因为平台包含了多个具有不同功能、不同用途但彼此之间又相互关联的产品。

我们这里所指的供应链运营平台，就是站在平台的角度来定义的，中台只是其实现或组织的一种方式。那么，供应链运营平台如何进行架构呢？这里有两种方式。

供应链运营平台的第一种架构方式是目前大多数企业的架构方法。企业根据不同部门的需要，以外购或者自建的方式，一个模块一个模块地、一个系统一个系统地搭建供应链的产品体系。这样做的优点是比较灵活，也符合企业的发展规律：从最早大而全、粗而浅的ERP，到逐个业务板块的系统搭建，不需要推倒重来。但这样做的缺点也是非常明显的，每个系统由不同的供应商或不同的部门根据自己的需要独立建设，相互关联性较差或者甚至没有关联。每个系统都有各自独立的登录权限，数据打通难度大，形成了一个个独立的烟囱和数据孤岛。

这种多系统烟囱式产品体系在IT时代非常典型，但我们不能因噎废食，仍然需要在此基础上寻求为企业架构一套统一的供应链运营平台的解决方案，否则是无法帮助企业从IT时代升级到DT时代乃至NT时代的。

笔者给出的解决方案是"移花接木法"，即保留多系统的管理功能，搭建供应链数据平台和供应链运营平台（供应链运营平台由平台调度中心和多系统层组成），具体操作如下。

①对供应链上的核心基础要素进行抽象和定义，建立统一的供应链运营平台的平台调度中心，包含订单执行（订单任务、执行单据）、库存、网络、货品、供应商、客户、合同、计费等基础要素模型的建立。

②保留原有多系统的管理功能，形成供应链运营平台的多系统层，但将原有的多系统的底层要素都迁移或关联到新建立的基础要素层上进行统一管理。

③供应链数据平台负责将供应链运营平台的平台调度中心和多系统层的数据进行关联匹配，确保数据的一致性。

这一系列操作好比移花接木，断骨再生，取其精华，去其糟粕。保留原有多系统的管理能力，但把它们的底层要素进行标准化重构，迁移或者关联到一个跨系统的平台调度中心上，从而解决多系统的烟囱和数据孤岛的问题。

对于平台调度中心的形态和功能，我们可以根据企业的需求进行架构，但一定是基于"跨系统、端到端"的逻辑进行搭建的。具体来说，平台调度中心通过订单执行模块（由订单任务层和执行单据层组成）把端到端的供应链流程（采购、生产、物流、销售交付等）分解成一个个相互关联的订单任务，并通过执行单据进行记录。而这些执行单据能够将货品、网络、供应商、客户、合同等基础要素关联起来，从而驱动供应链的相关模块如库存、计费等进行计算。

订单执行模块包含销售订单子模块、采购订单子模块、生产订单子模块、物流订单子模块等。它们之间的关联，在业务架构上取决于供应链的驱动模式（订单驱动、库存驱动等），即供应链的推拉结合模式的选择；在产品架构上，通常通过单据的匹配关系进行对应。

供应链运营平台的第二种架构方式是"涅槃重生法"，即如果原来有多个系统，则将原有的多系统废弃，重新建设一个供应链运营平台；如果原来没有系统，则从0到1搭建一个全新的供应链运营平台。具体如下。

①与"移花接木法"类似，我们对供应链上的核心基础要素进行抽

象和定义，建立统一的供应链运营平台的平台调度中心，包含订单执行（订单任务、执行单据）、库存、网络、货品、供应商、客户、合同、计费等基础要素模型的建立，这些都是供应链上最核心、最稳定的基础要素模型。

②在平台调度中心之上，我们可以根据业务的需求，根据智慧供应链的目标，搭建智慧运营层，它由不同的模块组成，如智能计划、数字采购、智能制造、智慧物流、数字供应链金融、业财管理等。由于底层共享基础模型，这些上层应用往往可以根据业务需要进行跨部门的架构，例如，一盘货模式，无论是来自线上还是线下的订单，无论是来自关键客户、深度分销还是批发的订单，都可以实现库存的统一调度和分配。这需要在智慧运营层的智能计划、数字采购、智慧物流等模块与平台调度中心的订单执行、库存、网络、货品、供应商、客户、合同、计费等模块进行跨模块的流程打通，如果底层的模型不统一，其难度和复杂度可想而知。

③搭建统一的权限账套体系和统一的交互设计体系，从登录退出、权限管理、任务消息管理、产品交互界面等各方面给用户提供一致的体验。前面所讲的中台的产品架构，由于要服务多个业务线，因此通常都会采用这种权限和交互统一的架构方式。

当然，"涅槃重生法"也有其缺点。由于需要对企业原有的系统整体进行重建，因此成本很高，周期也比较长。企业需要培养和建设一支既懂产品又懂业务的专业产品技术团队，抑或是借助外部能够提供定制化供应链解决方案的提供商，以长期战略合作的方式逐年搭建。综合来看，只有对供应链数字化有强烈诉求，并且有一定规模的企业才有能力去架构这样的平台。当然，也有很多早期创业的云原生2B类企业，从一开始就采用这种架构模式搭建自己的企业系统平台，中间也包含了供应链运营平台。

看到这里，相信有不少读者可能会疑惑："这样的架构和传统的ERP有什么区别？""我们才把传统的ERP进行拆解，让ERP成为核心的财务系统，其他相关的专业模块如采购、供应商、计划、物流等由专业的外部系统来构建。现在看来岂不是又要建立一个大而全的ERP？"的确，粗略来看，传统ERP在架构上也拥有统一的底层模型，在其上构建不同的业务应用。但是应用过传统ERP的企业都有同感：其系统僵化，底层代码不开放，二次开发成本高；各个模块都是以功能套件的方式叠加在原有系统之上，类似搭俄罗斯方块，虽然房子能搭建起来，但因为缺少榫卯连接，很不牢固；迭代和维护的成本高，每次升级都需要付出巨大的代价。

因此，在DT时代，我们在搭建统一的供应链运营平台时，都是以新一代的"云原生"的技术架构为基础。它可以通过微服务和容器化架构，实现持续集成和持续交付。同时，最重要的一点是，在这个供应链复杂度如此之高、变化如此之快的时代，"云原生"技术让我们真正享受到"云计算"给我们带来的丰富数据和算力，以及无限的拓展空间。

二、智能计划：需求驱动的一体化计划体系

计划工作是供应链管理中最复杂、最细致也是最有技术含量的工作之一，在数字的分分合合中，确保数字的一致性、计划的准确性、供应链的协调性、计划变动的灵活性，对计划体系和计划管理提出了极高的要求。唯有通过构建合适的"连接器""转换器"和"调节器"，才能将供应链上纷繁复杂的计划模块连接起来，形成一个有机的整体，最终让所有人都能够以各自不同的视角面对整齐划一的计划体系。

那么，如何架构一体化的智能计划产品，从而实现"连接器""转换器"和"调节器"的功能呢？我们以一家典型的家电制造型企业为例，来看看如何搭建"一体化智能计划产品"（图4-1）。

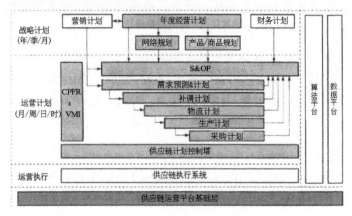

图4-1 一体化智能计划产品

一体化智能计划是在供应链运营平台的基础层之上搭建的，因此可以使用标准化的库存、网络、货品、供应商底层模型所产生的数据，从而保证数据的一致性。我们把一体化智能计划分成战略计划和运营计划两部分。

战略计划周期长，通常以年或半年为周期进行计划，并可以从季度和月度维度视角进行查看和跟踪。战略计划的核心是经营计划，它确定了公司最高管理层面上的年度/半年度经营目标。在经营计划制订过程中，需要协调年度/半年度财务计划、营销计划以及供应链计划。这里的供应链计划，涵盖了管理层给供应链设定的供应链成本、周转、缺货率等目标。

根据这些目标，供应链部门需要做两件非常重要的事情：一是通过网络规划，确定公司层面上从供应商到制造工厂，一直到成品仓配网络和销售终端的端到端供应链网络的合理性；二是配合产品研发部门，共同确定新商品的规划上市节奏和老产品的退市节奏。这些都属于相对偏中长期的计划，计划的颗粒度通常只到产品线或核心产品。

运营计划周期短，通常以月、周为周期进行计划，根据需要可以展开到天，甚至某些偏执行的计划如生产排程可以到小时级别。运营计划的核心是SOP和CPFR。SOP起到了承上启下的作用，向上承接了经营计划的目标，向下拉通了需求预测和需求计划、补货和调拨计划、物流计划、生产计划和采购计划，从而实现了内部计划的一致性。

CPFR和VMI（Vendor Managed Inventory）用于与核心客户及核心供应商进行计划、预测和补货的协同，从而确保了外部计划的一致性。

运营计划最后下发到计划执行系统，为了确保计划从战略到运营再到执行的可靠性，我们在"一体化智能计划产品"中也架构了供应链计划控制塔。它是多层次供应链控制枢纽的一部分，主要用于监控计划的准确性，以及从计划到执行的效果，对于存在问题的部分进行归因分析，并给出指导意见用于人工或系统对计划的修正。

在产品体系中，我们也连接了算法平台和数据平台。算法平台为体系提供了可被调用的算法模型以及算力支持，数据平台主要用于外部数据集成和内部数据统一。

智慧供应链强调需求驱动，因此我们在整个计划体系中特别强调3点：一是通过大数据和算法的能力进行长、中、短期的计划预测和推演，提升对需求的感知力；二是尽可能从末端向上游做计划，从而减少牛鞭效应，即从靠近末端的需求计划做起，从成品的需求计划做起，然后逐步推导和推演到生产计划，最后才是原材料的采购计划；三是一些企业会把采购计划、采购管理、VMI、供应商管理这些功能统一集成到SRM系统里。

当需求过于分散、波动过于剧烈时，我们可以适当向上拉高一个维度（时间、空间、量级）进行预测和计划，例如从"按日"拉高到"按周"编排计划，从"分仓计划"拉高到"总仓计划"，从"SKU维度"拉高到"产品线维度"。

需求预测和需求计划。结合历史销售数据、营销计划，以及其他相关数据（消费者行为数据、门店进销存数据、天气等相关因子数据），我们可以调用算法产出按周的成品需求预测（多渠道）。根据需求预测和S&OP的目标，我们可以生成按周的需求计划。

补货计划。根据需求计划，结合仓库的在仓和在途库存、在途订单，选择不同的补货算法模型，输入目标库存周转率、服务水平、交付时间、MOQ（最小订货量）等参数，生成成品的补货计划。

调拨计划。如果存在多级仓网结构，则需要建立库存调拨越库计划。它需要考虑成本、时效、服务的最优化目标，根据调出和调入仓的补货计划、库存水平、操作费用，以及中间调拨的时效、车辆的转载率等调用算法进行决策。

物流计划。这里的物流计划指的是成品的物理计划，它主要用于指导成品仓和配送物流的资源计划，包括需要准备多少入库人力、出库人力、库内作业人力和相关的资源等。物流计划显然是由前述成品的需求、补货和调拨计划所驱动的。

生产计划。有了以上成品的需求、补货、调拨计划，我们自然也就能够推演出成品的生产计划了。以往很多企业的生产计划由于缺少末端和渠道端的需求、补货、调拨数据，只能采用盲人摸象的方法，仅仅结合工厂出货的历史数据来做需求计划，准确度极低，最后不得不放弃做需求计划，转而采用面向销售目标、面向目标库存的推式供应链，在复杂多变的商业环境里极易出现滞销和缺货并存的问题。

需求驱动的一体化智能计划的建设是一个渐进的过程，它对渠道和终端的数字化能力，对数据和算法的要求都很高。时下，我们在市场上看见的大多数计划套件只能完成端到端计划的一部分，相信未来会有越来越多的一体化计划产品出现。

三、数字采购：从战略采购到采购自动化

毫不夸张地说，在"逆全球化"的背景下，今天的采购管理者面对着有史以来最大的挑战。他们不仅需要面对纷繁复杂的日常事务，还需要面对极不稳定的外部环境：全球贸易摩擦不断加剧，各种变相的制裁纷争导致原材料价格波动剧烈，材料供给不稳定，尤其是芯片短缺的问题久久不能解决；各种突发事件常常让采购管理者无所适从。

当然，今天的采购管理者也迎来了数字化转型升级的重大机遇。人工智能、区块链、物联网、云计算等新技术的出现，让他们能够通过数字化采购摆脱传统采购所遇到的信息不透明、效率不高、反应迟钝等一系列问题。

从管理的角度来看，我们可以把采购管理分成3个层次。

处于中间层的是采购运作管理，它的核心目标是质量保证、成本控制和交付确定。它包含多个流程，如咨询报价、招标、合同管理、订单管理、发票对账、供应商考核等。这是采购人员投入精力最大，但人效最低的部分。不难看出，这些工作基本上都可以通过产品化的方式由系统自动化或辅助人工进行处理，从而大大提高效率。这也是上一代采购系统所提供的基本功能模块。

处于上层的是采购战略管理，它的核心目标是为公司提供最大化的价值增值。它的主要流程包括支出分析与管理、VA/VE（价值增值/价值工程）、ESI（供应商早期参与）、战略寻源、供应商关系管理、风险管理、应急响应、绿色采购和可持续性发展等。这部分工作能够为企业带来巨大的价值，但遗憾的是，由于采购人员将90%的精力都投入到了采购运作管理工作中，从而无法腾出足够的时间、精力来创造更大的价值。

这也是我们在智能化方面最具挖掘价值的部分，由于具备了海量的数据以及算法的加持，我们可以对外部供应市场环境进行预判和响应，对内部采购运作数据进行分析和处理，让我们从被动型采购向主动型采购转型。

处于最下层的是采购合规管理，它的核心目标是确保采购全链路、全流程上的合规性，包括符合相关法律法规、企业的内部规定等。采购合规是采购工作得以正常运作的基础，以往我们的采购合规工作由于流程没有线上化，缺少可视化数据，往往只能做事后管理。通过数字化采购工具，我们可以在系统中对关键流程设置埋点，对关键岗位自动配置合规权限，并在问题未发生前或是有一丝端倪的时候进行预警和处理，这大大降低了企业和员工在采购合规上的风险。

因此，一个数字化的采购产品能够帮助企业采购管理者实现四大目标。

首先是最基础的自动化采购执行，即通过流程化产品工具将企业的需求管理、订单管理、合同管理、交付管理、支付管理（包含供应商融资）、供应商管理等日常管理工作线上化，提高采购执行的效率和采购工作的透明度。自动化采购执行可允许企业对自动化流程进行规则配置，从而满足多种采购场景。

其次是可视化采购控制，即采购控制塔，它属于多层供应链控制塔的一部分，包括采购绩效看板、供应商绩效看板、成本支出分析、采购异常报警、问题归因分析等模块。它与自动化采购执行模块互通，实现了采购过程的可视和可控管理。

再次是数字化协同网络，即通过区块链、物联网、云技术、数字化产品，构建起供需双方的协同网络，实现以CPFR/VMI为代表的采购协同模式。最后是前瞻性市场洞察，它可以帮助我们了解技术发展趋势，预测供需关系变化，并对市场风险进行预判。

围绕这四大目标，我们来看一个典型的数字采购产品的架构。数字采购产品主要分为采购端产品和供应商端产品，基于SaaS化产品架构，有利于采供两端协同运作。采购端产品分为采购战略管理和采购运作管理两层，具体内容前面已有表述，这里不再展开。供应商端产品的主要功能为销售协同，该模块与供应商的ERP产品相通，从而减少供应商端的操作成本。

数字采购产品同样搭建在前述"供应链运营平台的基础层"之上，其中采购的主数据等可以调用基础层标准模型所产生的数据。如果是采用自建的方式，可以将稳定的基础数据模型融合到"供应链运营平台的基础层"，成为基础层的一部分，供整个指挥供应链产品系统调用。

四、智慧物流：有序流动、快速转动和高效联动

案例：交易市场的物流数字化。

作为咨询公司的解决方案顾问，梁某一大早就来到珠三角某服装面料交易市场。接下来，他和同事将在这里进行为期3天的详细调研，并为交易市场的管理层提供一个数字化物流平台的整体解决方案。

这个占地接近50万平方米、总建筑面积达150万平方米的交易市场，容纳了超过1万余家商铺，经营着3万余种面料，日客流量超过5万人，年成交金额接近千亿元。

20世纪90年代初交易市场刚开业时，商铺的租金是每年6000元，第二年就涨了20倍，如今好的铺面租金每年甚至高达几百万元。虽然交易市场的生意规模逐年增长，但是服务水平的提升遇到了瓶颈。为了破局，集团管理层将2020年定义为交易市场的"数字化元年"，陆续启动了网上交易平台、网上服务平台等项目并取得了不错的效果，也赢得了商家的一致好评。

但是，作为交易市场重要组成部分的物流服务，一直有着许多的痛点。交易市场里虽然为物流公司建立了专门的物流园区，作为布匹从交易市场发往全国各地的重要物流枢纽，但是在物流的整个链条上依然存在着许多问题。

首先是物流业务数据不透明。物流服务过程不透明，缺少节点监控；物流费用不透明，付款方体验不佳。

其次是物流业务都是线下交易，运力资源未得到充分利用。未对商户、承运商、打包工进行集中式管理；各方的沟通成本高，配合效率低。

最后是交易市场里几十亿元的物流费用流水，其背后蕴含的价值未

被发掘出来。梁某团队经过调研，把物流链条上各个角色的问题点罗列了出来（见表4-1）。

表4-1 交易市场调研表

角色	商户	采购方	承运商	打包工
痛点	①物流公司上门揽货状态不可视 ②货损不可控，纠纷多 ③在途运输情况不可视 ④客户面单信息外露，易被竞争对手挖墙脚	①物流费用构成不明确 ②可选择的承运商有限 ③在途货物安全无保障	①私人承包车辆以低价冲击市场 ②承运商基本上都是采用手工单的方式据管理业务，效率低 ③承运商信息化水平总体较低，推动信息化难度大	①打包工没有制度化管理 ②打包工缺少稳定的业务收入保障

基于这些问题，梁某向交易市场的管理层提出构建智慧物流平台的方案建议。梁某认为，搭建一个全链路数字化的物流平台对交易市场未来的服务升级具有重大意义。具体来看，可以归纳为以下几点。

（1）物流整合平台。物流整合平台更便于商户、采购方找到符合自己要求的承运商，为承运商提供更多的业务。

（2）物流数据监控。物流数据监控实现订单在途过程中的全程监控，让商户、采购方、承运商实时掌控货物、车辆的在途情况。

（3）物流业务线上化。物流业务线上化通过将运输下单和运输接单的任务线上化，为后续挖掘物流数据的价值做准备。

（4）资金流服务。资金流服务为交易双方提供物流的供应链融资业务、物流交易的完税服务，增加交易市场的营收。

其整体数字化转型的顶层设计蓝图如图4-2所示。

梁某提交的规划方案得到了交易市场管理层的高度认可，但是新的问题又来了。对于如此巨大的变革以及平台的建设投入，一旦平台上线，如何能够被各方接受并使用？线下业务存在许多模糊的灰色地带，线上化在带来可视化的同时，把一切信息都公开了，平台上各个角色有多大的动力愿意使用这个平台？

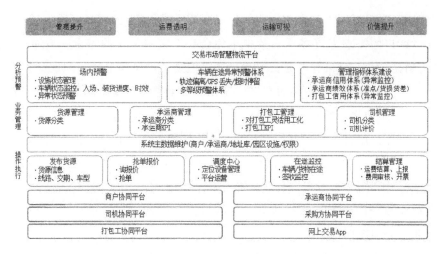

图 4-2　交易市场数字化蓝图

智慧物流可施展的空间很广，从制造企业的采购物流、场内物流到销售物流，从流通行业的仓储管理、干线运输、城市配送到快递的分拨中心和最后一公里，甚至包括物流的园区建设、场站建设、交通网络建设，处处都有智慧物流的应用场景。

从技术角度来看，从传统软件到 SaaS 化服务，从自动化设备到智能包材，从搬运机器人到 AS/RS（自动取存系统）和料箱机器人，从地址库服务到物流信息通知服务，从物联网络到智慧物流云平台建设，从算法优化到运筹优化。智慧物流的服务内容也十分广泛。限于篇幅，本节不再具体展开。

笔者认为，在供应链架构中，仓储物流体系架构强调的核心可以归纳为一个字——"动"，虽然只有小小一个"动"字，它却包含 3 个层面的意思。

首先是"有序地流动"，即能够让货物根据既定的规则、流程有条不紊地流动起来。货物预计什么时间来？从哪里来？将去向哪里？预计什么时间离开？在仓储中心的最佳移动路径如何？有效堆放规则如何？异常如何处理？增值活动（分拣、包装）如何操作？需要哪些过程控制流程？这些林林总总的问题，都指向了一个关键词——"标准化"。

众所周知，流程标准化可以大幅降低作的成本，提高作业的效率，同时有效地处理各类常见问题。然而，一提到"标准化"，大家不免想到

"僵硬""呆板"，而与之相对应的另一个词汇是"定制化"。

客户的需求丰富多样，其中难免会有"定制化"的需求。表面上，"定制化"与"标准化"是一对矛盾体。但是，供应链架构师的重要观点之一为"定制化"可以通过对"定制化"要素进行重新组合而实现，"定制化""柔性化"的基础仍然是"标准化"。

另外，值得一提的是，"标准化"是需要结合行业特点进行规划的。对于相近的行业和品类，可以设置共享的储运中心，最大限度地提高仓储中心的利用率；对于差异较大的行业，由于涉及不同的仓储设施投资，因此需要分门别类地进行规划设计，但需要强调的是，要"统一规划"而非"分别规划"。

其次是"快速地转动"。对于库存，程晓华老师在《制造业库存控制技巧》一书里有一句经典之语，即"转"即是"赚"。前面一个"转"指的是"库存周转"，后面一个"赚"指的是"赚钱"。库存的快速周转，可以帮助企业提高资金的利用效率，获得更大的利润。

当然，这句话是站在"链主"，或者说是"货主"的角度来说的。很多仓储物流企业作为服务提供方，却没能很好地理解这句话。"货主"的货物在货仓存放得越久，仓储物流企业就可以收取越多的仓租，何乐而不为呢？如果是站在这样的立场上，仓储中心离亏损关门也就不远了。

作为服务型企业，其需要站在客户角度考虑问题的。当然，客户赚钱而服务企业一直亏本，也是万万不能的。因此，双方需要想一些双赢的办法。例如，有没有方法能够让实物更久地停留在仓储中心，同时能让资金快速地转动起来？下面一个典型的案例就是关于"标准仓库"与"标准仓单"的。

有些聪明的仓储物流企业将自己的仓库进行升级，成为高等级的标准认证仓库，可以开出具有信服力的"标准仓单"。一方面，由于仓储中心的设施设备优良，并且具有相关权威认证，客户可以放心地将物资存储在这些仓储中心里；另一方面，"标准仓单"具有金融属性，可以做到"仓单"的多次换手，实物却"纹丝不动"。这样一来，实物可以在仓储中心放置很长的时间，资金却快速地转动了起来。仓储物流企业不仅可以收取仓储费用，还可以额外收取过户费，一举多得。当然，这种方法多被运用在大宗货物的仓储运营上。

因此，"快速地转动"的核心是提高资金的运作效率，与实物的移动并没有直接的联系。相反，仓储物流的最高境界就是以最少的实物移动来满足客户的需求。从这个角度出发，仓储物流企业可以做一些尝试。

最后是"高效地联动"。仓库与仓库之间如何联动，很多人想到的是通过信息化来解决这个问题。例如，案例中提到的，希望通过一整套的IT系统来实现仓库的联动，但是最终为何失败了？其根源在于有系统，没有流程。仓库的联动，其核心在于信息的共享流程，而这一流程一定是以业务需求为导向的。

那么，需求是什么？在供应链上，需求来源于我们的客户，而非我们自己。假如我们的仓储物流中心没有成为客户供应链上的一个信息节点，就无法参与到客户供应链的体系中去。那么，即便是再先进的OMS＋WMS＋TMS也无法帮助我们解决联动的问题。

举个简单的例子，对物流公司来说，有全国仓、省级仓、市级仓，但是对"链主"来说，它们可能只会选择其中的一个或几个作为"中央仓"，另外一些作为"区域仓"，而真正需要联动的并不是物流公司架构下的各个仓，而是"供应链"上这些被指定的"中央仓"和"区域仓"，联动的规则也是由供应链上的核心企业来定义的。

借助互联网＋，也有人提出所谓的"云仓"概念，在这些概念的背后，同样要理解构成"云"的主体是谁，它是一条条实实在在的供应链，而非仓库本身。因此，单纯的仓库与仓库的联动是没有太大意义的，只有当仓库成为供应链上的一个个关键节点时，这种联动才具有真实的价值。在管理学中，所谓的"谷仓效应"和开篇案例所反映的问题很相似。每一个谷仓都只能看见自己上方圆圆的一小片天，无法突破谷仓的四壁围墙，更无法做到"动"起来。

这些完全"动"不起来的仓库，即笔者所称的"静态仓"或者"死仓"。它们在供应链上好似"僵尸"一样，日复一日、经年累月地，甚至麻木地处理着进货、存储、出货这些简单的动作，却没有将视野投向更加广阔的供应链。

很多仓储物流企业的管理人员向我咨询，如何转型做供应链？这个问题太大了，可能几天几夜都聊不完。但是，不管如何展望未来，仓储物流企业都需要脚踏实地地通过"有序地流动""快速地转动""高效地联动"，使其所管理的一个个静止的仓库"动"起来，"活"起来。这又何尝不是在做供应链呢？

五、数字金融：数字风控下的供应链金融

供应链金融是围绕供应链中的真实交易，通过第三方为交易环节注入资金，并提供风险控制、物流管理、信息管理等相关联的服务，从而驱动交易中的实物流、信息流、资金流三流循环增值与效率提升的综合性服务。

值得注意的是，市场上一直有许多打着供应链金融幌子的金融产品，我们需要学会鉴别真假供应链金融。首先交易必须是真实交易，供应链金融一定是围绕供应链上所产生的真实交易（商流），为其注入资金流动性的金融产品。脱离了真实交易，则不能被称为供应链金融。其次是"自偿性"，供应链金融将资金注入交易环节中，并通过上下游在真实交易过程中所产生的资金来偿还贷款。因此，本节中所指的"数字金融"仅限定在"供应链金融"的范畴内。

事实上，大部分企业是不需要为了做供应链金融而搭建一个大而全的"数字供应链金融"产品的，毕竟对于大多数企业来说，供应链金融不是企业的主要业务，它只是为了促进上下游交易而使用的一个金融工具。但是，对于那些资金充裕、实力雄厚的企业集团，或者是以物流、贸易为主业的企业来说，供应链金融就不仅仅是一个工具，还有可能是一项能对外提供服务并产生盈利的重要业务。那么，典型的供应链金融产品架构是怎样的？它由基础平台、金融产品、运营平台3部分组成。

基础平台从资产、资金、风控、信贷四个方面构建了数字供应链金融的底层基础能力，这些能力可以根据上层的金融产品以及业务运营的要求进行组合配置，以确保业务的灵活性以及平台的风险可控性。

金融产品主要分为3类，即存货融资（动产融资）、预付款融资（保兑仓融资）、应收账款融资（保理融资）。结合业务以及客户的需求，平台能够将这3类产品进一步分层分类，以解决方案的方式对内对外进行

输出。

运营平台由多个端面组成，它能够在某个具体的金融产品下，为各方提供操作界面，如金融产品的发布管理者、资金提供者、核心企业、经销商、物流商、风控管理者等，具体涉及的角色需要根据产品的实际参与使用方来进行配置。

在数字供应链金融平台的搭建过程中，最为关键的部分是金融风险控制能力的建设，它主要由贷前、贷中、贷后以及资产管理几部分组成。区别于传统供应链金融以线下或者信息化为主的建设模式，数字供应链金融强调的是数据驱动的风控模型的建立。例如，在贷前阶段，通过接入各类数据平台，扫描客户的信用情况，多维度评估借贷风险；在贷中阶段，进行定期的复查监控，通过大数据扫描供应链网络上存在的风险；在贷后阶段，根据市场价格的波动来动态评估质押品的价值等。

第二节　智慧供应链驱动平台的搭建

"供应链运营平台"主要解决供应链业务流程线上运营的问题，把传统通过人工或者线下 Excel 报表来处理的流程搬到了线上，从而能够大幅提高运作的稳定性、准确性、确定性以及运作的效率。

但是，智慧供应链仅有线上运营平台是远远不够的。我们还需要对业务运营过程所需要的数据进行统一化、规范化处理，不论是作为输入的数据还是输出的数据，这就涉及"供应链数据平台"的搭建。

供应链上的数据不会凭空产生，它通常来自软件系统（虚拟世界）或者硬件系统（物理世界）。为了获取物理世界的供应链数据，我们就需要构建"供应链的 IOT 平台"，如果进一步给它插上智慧化的翅膀，就成了"供应链的 AIOT 平台"。

事实上，在智慧供应链上的众多场景中，我们都会利用算法或者仿真的能力。为了能够对算法模型进行沉淀，减少算法人员在技术工程代码上所投入的精力，我们也可以构建"供应链的算法平台"。

数据、IOT、算法是智慧供应链的重要驱动力，也是传统供应链信息化建设和现代智慧供应链建设之间最显著的区别。接下来，我们将逐一介绍。

一、供应链数据平台：打破供应链的信息孤岛

数据平台（中台）的建设有何意义，又该如何建设呢？我们以阿里巴巴为例做一些展开性介绍。2013年以前，伴随着业务体量的迅猛增长，阿里巴巴在数据管理工作方面遇到了诸多问题。

首先是算力瓶颈问题。由于数据体量持续膨胀，IOE（IBM服务器、Oracle数据库、EMC存储）、Hadoop技术体系已经无法满足业务的发展需要。

其次是数据孤岛问题。各业务部门的数据散落在多个集群，彼此之间数据不通，数据共享难度大。

再次是数据重复问题。由于数据不集中，导致数据被拖来拽去，重复存储和计算，再加上指标口径不统一，给管理造成了诸多困扰。

然后是数据运营问题。500多万张表不仅耗费了大量的存储和计算资源，也让数据的管理工作处于无序、失控的状态。

最后是数据生态问题。受制于平台开放能力以及数据安全能力，数据只向纯数据开发人员开放。面向业务的开放性严重不足，无法为业务运营和业务分析人员提供有力的支撑。

因此，2013年11月时任阿里巴巴CTO（首席技术官）的王坚博士提出"从服务好业务的角度出发，建设一个统一的底层大数据计算平台，为公司的长远发展做好技术准备"。随后，2014年阿里巴巴启动了"登月"计划，将阿里巴巴所有的数据从老的"云梯一"（Hadoop平台）整合迁移到新的统一平台"云梯二"中，形成统一的数据中台。这不是一次简单的物理迁移，而是整个业务数据架构的升级再造。2015年6月30日，历时一年半的升级迁移工作完成。同年"云梯一"集群正式下线，意味着阿里巴巴自主研发的大数据平台正式升级完成。

在架构层面上，阿里巴巴所构建的数据中台体系改变了以往各个业务独立"建烟囱"，数据资源浪费，数据管理无序甚至失控的局面。通过统一建设的数据公共层，实现了数据统一（One Data）、身份统一（One

ID）以及数据的服务统一（One Service），从而使各个业务在应用层上百花齐放。这在整个集团层面不仅支持了业务的快速奔跑，还让数据管理变得清晰可控。

阿里巴巴供应链数据中台同样是在这样的背景下建立起来的。过去，各业务单元的供应链数据散落在多个集群。每个事业部都有自己的一套独立的数据体系和标准。各事业部的商品、货品、履约、库存、订单等供应链数据互不相通，无法进行"一盘货"管理，更无法实现集团战略层面提出的"货通全球"的目标。另外，由于数据质量、数据稳定性没有保障，业务和运营在数据使用方面承担了较大的风险。而且，由于数据不集中，管理不规范，甚至在一个业务单元的内部供应链也存在类似的问题。数据不集中，重复计算、重复存储占用和耗费了大量的资源。

阿里巴巴在数字供应链建设的初期，就将数据中台的建设放在了首要位置上。其以阿里巴巴大数据计算平台大基座为支撑，以供应链业务为导向，构建了面向中台系统和业务前台的供应链数据中台，为阿里巴巴供应链数字化建设打下了坚实的基础。

从架构角度来看，供应链数据中台分为以下几个部分。

首先是底层，它是构建在阿里云上的大数据计算与存储平台。然后是通过阿里巴巴数据中台的标准化研发工具所建立的供应链统一的元数据集（Operational Data Store，ODS）层，它将各业务系统的全域/全量数据接入 ODS 层，如来自 TMS、WMS、OMS、商家、逆向、货品、客服、行业、制造、仓配、采购、结算等的数据。

在此基础上，根据供应链的业务属性进行抽象、融合以及标准化，形成并建立 DWD（Data Warehouse Detail）层，即明细数据表层，它也是公共数据中心。DWD 数据中心内的数据根据不同的领域进行划分，但都是标准化的数据，为数据的横向打通打下了基础。

DWD 层中的数据量是巨大的，也是离散的。为了让业务更好地使用数据，阿里巴巴在 DWD 层之上构建了 DWS（Data Warehouse Service）层，即数据服务层，它所产生的就是常用的数据宽表，例如，用于质量管理的数据宽表、用于计划管理的数据宽表、用于库存管理的数据宽表等。在数据宽表中，阿里巴巴进一步定义了数据的标准化的指标体系，如库存周转率、缺货率、破损率等，从而确保业务运营使用统一的数据语言进行业务管理。

经过以上这几个步骤产生的数据服务可以面向供应链的应用统一开放，这些应用不仅包括数据决策类应用（数据大屏、管理决策系统），也包括供应链运营系统（计划系统、物流系统、生产系统等）。

事实上，数据中台好比一个具有大规模处理能力的炼油厂，它对集团内部的数据以及外部的数据进行汇总、加工、分类、提炼处理，以标准化的方式统一开放，供业务应用使用。而从业务应用中产生的新数据也会被源源不断地注入这个炼油厂，如此往复循环，从而使数据的价值得以充分挖掘和利用。

为了更好地对数据进行管理，整个供应链数据中台采用阿里巴巴标准化的数据资产管理、数据研发管理、数据安全管理、数据治理运营等统一的标准框架以及工具，从而确保供应链数据中台的数据能像其他中台（业务中台、营销中台）一样在集团内部打通和使用。

今天，大多数企业由于缺少供应链数据平台（中台），各种应用系统所产生的数据杂乱无章地存储在不同的地方，数据的标准不统一，数据的语言不一致，导致企业供应链管理者严重依赖 BI 人员进行数据报表的开发。数据平台的搭建是企业从信息化时代步入数字化时代的关键一步，这一步走扎实了，才有可能打开智慧供应链的大门。

二、供应链 AIOT 平台：从万物互联到万物智联

AIOT（人工智能物联网）=AI（人工智能）+IOT（物联网）。AIOT 融合 AI 技术和 IOT 技术，通过物联网产生、收集来自不同维度的、海量的数据存储于云端、边缘端，再通过大数据分析以及更高形式的人工智能，实现万物数据化、万物智联化。物联网技术与人工智能相融合，最终追求的是形成一个智能化生态体系，在该体系内，实现不同智能终端设备之间、不同系统平台之间、不同应用场景之间互融互通、万物互融。

从 AIOT 的发展路径来看，可以分为 3 个阶段，即单机智能、互联智能和主动智能。

单机智能指的是单机设备能够精准感知、识别和理解用户的指令，

并进行正确的决策、执行及反馈。但是设备与设备之间是不发生相互联系的，智能设备只是等待用户发起的交互需求。

互联智能打破了单机智能在数据和服务上的孤岛，通过设备之间的互联互通实现智能化的设备矩阵。它采用"一个云/中控，多个终端/感知器"的模式，针对用户的指令智能化地调配设备矩阵，以最优化的方式来满足用户的指令诉求。

主动智能指的是智能系统根据用户行为偏好、工作场景、环境因素等各类信息，随时待命，具有自学习、自适应、自提高能力，可主动提供适用于用户的服务，而不用等待用户提出需求。

当下，AIOT仍然处于单机智能和早期的互联智能的发展阶段，离未来实现主动智能还有很长一段路要走。这背后不仅涉及单个企业或单项技术的发展，而且更大程度上依赖于企业、行业乃至国家在技术标准和规范方面的发展。试想，如果每个企业都搭建一套自己的AIOT平台，定义一套自己的AIOT标准，如何能够真正实现万物互联的梦想？

事实上，当下有众多的平台型企业正在快马加鞭，通过搭建开放化的AIOT平台及标准，将更多的物联网设备纳入自己的体系内，通过抢占技术标准的高地来建立AIOT生态圈，典型的平台型企业有华为、阿里巴巴、涂鸦、云起等。这就好比苹果的iOS生态、谷歌的安卓生态，它们在技术方面孰高孰低很难讲，但是最终比拼的一定是生态里接入的设备数、用户数。

一个开放化的AIOT平台通常有4层，分别是感知层（提供硬件终端及相关的软件）、传输层（提供通信模组及相关的通信服务）、平台层（提供平台服务和系统集成）和解决方案层（提供面向客户使用场景的解决方案）。

完整的AIOT生态主要包括两类玩家，即平台型企业和硬件类企业。平台型企业主要提供基于云技术的系统集成平台，能够实现设备的连接、控制和云端智能化管理。具体展开来看，包含以下几方面。

（1）云端管理。云端管理提供一套完整的安全可靠的云端存储和管理系统，可根据用户的需要进行专有或混合云部署。

（2）设备上云。设备上云能够快速实施设备连接云端的方案，支持主流的模组和芯片，能够快速进行集成。

（3）远程控制。远程控制指支持电脑端和手机端远程控制，提供公共版本和定制化版本来满足使用者的需求，降低开发成本。

（4）整体集成。整体集成为用户提供适用于企业场景的整体集成化方案，帮助企业无风险地快速实施 AIOT 平台。

（5）SaaS 产品。在 AIOT 平台上为企业提供 SaaS 化的产品和服务，企业可基于自身的需要进行产品订购，如能源管理产品、安全管理产品等。

（6）AI 算法。在 SaaS 产品中，能够基于用户的诉求以及物联网收集的数据进行算法和运筹规划，实现互联设备的智能化运行。

硬件类企业主要提供物联网相关的设施设备，包括传感器、芯片、智能终端以及通信模组。它们的主要功能介绍如下。

（1）传感器。传感器用于感知、获取和测量供应链物理世界，如将机器、设备的相关信息并转换为可用信号的元器件或装置（温湿度传感器、加速度传感器、压力传感器等）。

（2）物联网芯片。物联网芯片主要包括集成在传感器/模组中的基带芯片、射频芯片、定位芯片等，也包括嵌入终端的系统级芯片，如微型控制类芯片、复杂实时微算力类芯片、性能算力加速类芯片。

（3）智能终端。智能终端是具备传感互联、人机交互、新型显示及大数据处理的硬件终端，它既可能是传统硬件经过智能化、物联网化改造后的终端，也可能是一体化制造的智能化硬件终端。有些智能终端已经集成了传感器、芯片、通信模组等功能。

（4）通信模组。通信模组就是实现某些特定功能的组件，内部通常集成了芯片、PCBA（印刷电路板）和包含协议的嵌入式软件。物联网通信模组分为有线和无线两类，为物联网设备提供通信接口和标准化通信解决方案。

除此之外，生态内还有提供底层通信服务的通信服务商以及在平台生态之上提供各种应用及服务的软件开发者或开发商。

或许读者会疑惑，如果将 AIOT 的智能计算和控制都放在云端（远端），如何能够及时地对工厂、现场的情况进行快速响应？尤其对于复杂多变的突发状况，如果等待云端进行大量计算后，再通过无线远程通信模组将控制信号传输给设备，很可能因为速度太慢、效率太低而给企业带来风险和损失。

因此，AIOT系统需要具备一定的边缘计算能力，能够在靠近物或数据源头的一侧，采用集网络、计算、存储、应用核心能力为一体的开放平台，就近提供最近端服务。其应用程序在边缘侧发起，能够产生更快的网络服务响应，满足行业在实时业务、应用智能、安全与隐私保护等方面的基本需求。边缘计算处于物理实体和工业连接之间，或处于物理实体的顶端。

而云端计算仍然可以访问边缘计算的历史数据。作为打通虚拟网络和实体设施的基础设施，AIOT既可以成为智慧供应链的眼睛和身体，同时也具备大脑的思考能力，成为打造未来智慧供应链"眼脑身"有机体的关键基础设施。

三、供应链算法和仿真平台：智慧决策与数字孪生

网络规划属于供应链战略层级的计划，它确定了供应链计划管理的上限和边界。当网络确定下来后，一切供应链的优化都是在这个框架之下的优化。因此，网络规划的重要性不言而喻。

不少人会觉得网络规划不就是拿出地图，看一下产地在哪儿，消费者在哪儿，现在交通那么发达，在产地和消费者之间选一条最近的路线不就完事了吗？而事实上，与案例中所描述的场景类似，网络规划远没有想象的那么简单。

我们通过电商平台购买商品，可以根据平台提供的页面查询到商品的路径信息。消费者常常会抱怨："打开路径地图看，我的商品怎么离我越来越远了呢？快递明明可以走直线，却偏偏绕了一个大圈儿，去旅游了。"

事实上，为了实现时效、成本、服务的最优化组合，实际的供应链网络并不会如消费者心中所想象的那样让所有货物都走直线最短路径。其往往需要结合"人（消费者）—品（商品）—商（商家）—货（库存）—仓（仓库）—配（配送）"等多个因素，综合考量计算之后才能做出最佳的选择。其规划还可以进一步分为宏观和微观两部分。

宏观部分通常称为"网络规划"，它不考虑具体的商品、具体的商家、具体的消费者，而是考虑一段时间内总的品类有哪些、订单的流向大致是怎样的、商家的大致位置在哪里等，从宏观角度通过算法来确定供应链网络的布局以及库存的分布等。微观部分通常称为"路由调度"或者"动态路由"。它是在确定的宏观网络框架之内，根据具体的消费者订单来匹配供应链网络上的商品库存，从而选择最优化的配送路径。例如，成都的消费者购买的商品的产地虽然在深圳，但是经过动态路由算法计算之后发现在金华仓里有库存，而"金华—沧州—成都"的路径最短、时效最优、成本最佳，那么系统会选择由金华仓的库存来履约。

宏观部分的网络规划通常是离线的计算，结合不同的商业假设，通过算法给出几个不同的解决方案让用户选择；微观部分的动态路由通常是在线的实时计算，根据用户之前在系统中配置的路由规则，根据实时数据通过算法产出路径并立即执行。所以说规划通常是离线计算，执行通常是在线计算。

离线计算还有可能会应用到仿真技术或仿真产品，将前述算法计算出来的网络模型在仿真系统中进行搭建或配置，由系统根据历史数据模拟生成新的离散数据（消费者订单、购买的商品等）注入网络模型中，运行一段时间后，看这个模型所输出的库存周转率、缺货率、成本、时效、销量等一系列指标是否符合预期。

这项仿真技术通常被称为代理人基模型（Agent-based Model Simulation，ABMS），是一种用来模拟具有自主意识的智能体（组织、团队等独立个体或共同群体）的行动和相互作用的计算仿真模式。

如今，仿真技术被大量应用在供应链管理中。我们经常听到的"数字孪生"即仿真的一种形式。为了减少每次仿真的工作量，可以根据企业的供应链场景提前搭建好仿真平台，并在平台内预设一些模型或者建立模型的快速配置能力。例如，企业的仿真平台里预设了工厂的仿真模型（工厂的"数字孪生"）、供应链网络的仿真模型（供应链网络的"数字孪生"），实际使用时可以调出模型进行修改或配置，然后通过ABMS技术注入模拟数据来推演结果。

以上通过网络规划的例子简单阐述了算法和仿真的应用。供应链上的算法和仿真应用场景非常多，从供应链的战略层面到战术层面，直至运作执行层面都有算法和仿真的用武之地。

例如，在零售场景中，在战略层面，可以通过算法来辅助进行年度季度需求预测、网络规划、品类规划；在战术层面，可以通过算法来辅助进行月度周度需求预测、制定库存策略、制订采购补货计划；在执行层面，可以通过算法来辅助进行每天，甚至每小时级别的需求预测，做库存的动态路由调度，以及对货物进行实时的追踪，对质量问题进行追溯。

再如，在制造场景中，算法和仿真能帮助我们做产能规划、产线规划、排程计划、物料齐套、实时调度、质量监控等工作。可以说，在智慧供应链中，算法和仿真的应用无处不在。

当然，从最初的供应链完全由人工进行决策（第一阶段），到通过数理统计的方法进行简单的分析判断（第二阶段），再到可以依据数据进行局部的算法优化（第三阶段），然后到可以通过多方协同，依据全局数据进行端到端的优化仿真（第四阶段），最后实现从战略层到执行层，能够随需应变，通过"离线规划＋实时动态优化"的方法，实现最终的智慧供应链（第五阶段），我们需要逐步地对企业需要运用的算法模型进行打磨、沉淀，甚至引入一些成熟的第三方算法。

对于有一定规模的企业或企业集团，并且在数字化方面有自己的产品开发团队，可以考虑在企业内部构建一个AI算法平台或者引入第三方的AI算法平台，用来支持通用及定制化算法模型的开发和沉淀。

AI算法平台可以快速定位到最合适的算法模型，调整算法参数，将大规模的模型训练部署到企业内部预置或者云端CPU、GPU、TPU集群，最后提供一套管理和监控模型训练流程的完整系统。机器学习最重要的一步在于配置和调整算法参数，一个机器学习模型会根据数据学习生成多个模型参数。不同的机器学习算法有不同的算法参数。AI算法平台可以帮助我们发现、设置和调整算法参数，同时还能提供算法选择和比较，这些功能对于企业上升到智慧供应链阶段来说是不可或缺的。

可能有人会认为，外部第三方软件公司提供的软件有很多预置的算法，或者当企业使用算法的时候，单纯地从第三方购买算法模型就可以了，完全没有必要自己搭建一个平台。的确，今天大部分的企业还处于信息化或者数字化的早期建设阶段，数据的采集、数据的体量都还不足够的时候，运用算法进行供应链的规划和优化只能是仰望星空的美好梦想。但是，随着企业朝着智慧供应链的方向快速迈进，一定会有越来越多的企业、越来越多的场景需要基于大数据的算法来支持企业的规划或动态决策。

"一千个读者眼中就会有一千个哈姆雷特"，每一家企业都有自己独特的经营方式，都有自己的供应链运作特点。而算法，尤其是如今大量运用机器学习的算法，需要结合大量企业自身的数据进行训练打磨才能真正发挥其效力。那些售卖的脱离了企业实际的应用场景的通用化的算法模型只能解决一些基本的问题，很难适应企业的需要。因此，企业在数字供应链建设早期，可以通过预置的或者第三方的算法模型解决一些单线的或局部的优化问题，但是当企业进入全面智慧供应链建设阶段，就可以考虑逐步搭建起或者引入第三方的AI算法平台，以平台化的方式来满足企业未来对大量算法开发、训练的需要。以阿里巴巴机器学习平台PAI为例，PAI起初是服务于阿里巴巴内部（淘宝、支付宝和高德）的机器学习平台，致力于让公司内部开发者更高效、简洁、标准地使用人工智能技术。随着PAI的不断发展，2018年PAI正式商业化，目前已经积累了数万企业客户和个人开发者，是中国领先的云端机器学习平台之一。它不仅提供基于参数服务器（Parameter Server）的支持上百亿特征、千亿训练样本的超大规模经典算法，同时还提供兼容Caffe、PyTorch以及基于大规模GPU集群、深度优化的Tensor Flow深度学习引擎。

PAI面向企业及开发者，是一套从数据处理、算法开发、模型训练、模型自动化调优到模型在线/离线推理的一站式AI研发平台。

PAI的优势如下。

第一，服务支持单独或组合使用。支持一站式机器学习，用户只要准备好训练数据（存放到OSS或Max Compute中），所有建模工作（数据上传、数据预处理、特征工程、模型训练、模型评估和模型发布至离线或在线环境）都可以通过PAI实现。

第二，对接Data Works（阿里大数据平台工具），支持SQL、UDF、

UDAF、MR等多种数据处理方式,灵活性高。

第三,生成训练模型的实验流程支持DataWorks周期性调度,且调度任务区分生产环境和开发环境,进而实现数据安全隔离。

PAI的产品架构分为以下几层。

(1)基础设施层。基础设施层涵盖硬件设施、基础平台、计算资源及计算框架。PAI支持的硬件设施包括CPU、GPU、FPGA、NPU、阿里云容器服务(ACK)及ECS。云原生AI基础平台和大数据计算引擎层支持云原生AI基础平台PAI-DLC,大数据计算引擎包括Max Compute、EMR、实时计算等。在PAI上可以使用的计算框架包括PAI-Tensor Flow、PAI-Py Torch、Alink、ODL、AliGraph、EasyRL、EasyRec、Easy Transfer及Easy Vision等,它们用于执行分布式计算任务。

(2)工作空间层。工作空间层是PAI的顶层概念,为企业和团队提供统一的计算资源管理及人员权限管理能力,为AI开发者提供支持团队协作的全流程开发工具及AI资产管理能力。PAI工作空间和DataWorks工作空间在概念和实现上互通。

(3)按照机器学习全流程,PAI分别提供了数据准备、模型开发和训练及模型部署阶段的产品。

①数据准备。PAI提供了智能标注(iTAG),支持在多种场景下进行数据标注和数据集管理。

②模型开发和训练。PAI提供了可视化建模(PAI-Designer)、交互式编程建模(PAI-DSW)、训练任务提交,满足不同的建模需求。

③模型部署。PAI提供了云原生在线推理服务平台PAI-EAS,快速地将模型部署为服务。

此外,PAI提供了智能生态市场和AI能力体验中心,用户可以获取并体验业务解决方案和模型算法,实现相关业务和技术的高效对接。

(4)AI服务层。PAI广泛应用于金融、医疗、教育、交通、安全以及供应链等各个领域。阿里巴巴内部的搜索系统、推荐系统及金融服务系统等,均依赖于PAI进行数据挖掘,除了阿里巴巴的PAI机器学习平台,还有亚马逊的Sage Maker平台、华为的Model Arts平台、京东的KUAI平台等,我们可以在各家平台的官网上找到具体的资料进行学习和试用。需要指出的是，AI机器学习平台都是面向企业或个人算法开发者的平台，不是针对供应链业务运营人员开箱即用的平台。

除了AI算法平台，需要多次应用供应链仿真的企业或企业集团，也可以搭建仿真平台，以配置化的方式来定义仿真的输入输出数据、仿真的业务场景和业务策略、仿真运行的时间、仿真的结果指标评价标准等，从而提高多次仿真的效率。

仿真平台分为数据层、模型层、流程配置层和景层。

数据层主要定义仿真的数据来源、数据生成的方式、数据的校验规则以及指标体系，它可以打通和集成外部数据来源。

模型层主要定义仿真的Agent（业务模块，如生产Agent、物流Agent等）、仿真需要使用的算法模型等，它可以调用算法平台的算法模型能力。

流程配置层主要是按步骤搭建仿真的实验室，包括配置好输入输出、环境、策略、运行方式以及如何进行结果分析。

场景层是最上层，是为了某一个具体的业务场景所搭建的仿真实验室，也是仿真用户可以看到并操作的解决方案端面，它可以帮助用户快速地对业务场景进行仿真。和AI算法平台类似，仿真平台通常面向的是开发人员或者具备相关知识的高级用户，它通常也不是面向普通业务运营人员的即开即用的产品。虽然对于今天大部分的供应链管理者来说，算法和仿真更多的是一个个熟悉又陌生的概念，但随着供应链的发展，越来越多的企业将充分挖掘数字化时代的数据优势，通过算法和仿真构建起智慧决策的供应链体系。

第三节　产业智慧供应链平台的搭建

互联网的鼎盛时代，有一句话被奉为圭臬：流量为王！它成就了谷歌、百度，成就了淘宝、天猫，成就了QQ、微信。毫不夸张地说，它影响了整整一代互联网人。直到今天，我们还时常将其挂在嘴边。流量之所以为王，是因为在我们脑海里都有一个固定的公式：商品交易总额=流量×转化率×客单价。

过去十几年，互联网所创造的奇迹，是一个从0到1的过程。在这个过程中，我们从不上网，到通过PC接入互联网，再到如今的移动互联网，互联网流量急剧膨胀。但是，如今我们不得不面对的现实是，经历了20年的高速发展，互联网红利开始消退。与此同时，互联网的流量成本在逐步攀升，即使是谷歌，其流量成本也占到了在线广告收入的25%左右。

在流量为王的时代，有一个我们曾经引以为傲的互联网商业逻辑——赢家通吃！为了拿到流量，商家会不惜成本，通过做促销、打广告等一切手段来换取流量。因为只要把流量做上去，一切都不是问题，最后一定是赢家通吃！但是今天，这种商业逻辑面临了两个最大的挑战。第一，流量已经见顶，过去的蓝海已经变成了红海。过去到处是流量，谁最先抢到就是谁的。但是今天要从别人现有的饭碗里去抢，谈何容易？第二，流量成本越来越高，可能模式还没有做出来，钱就已经烧光了。

既然流量已经不再为王，那么今天互联网的商业逻辑是什么？按照前述的公式，是转化率为王吗，还是客单价为王？其实都不是。后互联网时代，真正的王者是供应链。

首先，供应链决定了客户的体验。

供应链最重要的目标是：在客户的要求下，在合适的时间（Right Time），以合适的成本（Right Cost）把合适的产品（Right Product）以合适的品质（Right Quality）送到合适的地点（Right Place）。客户的体验，大部分包含在这五个"R"之中。

仅仅拥有流量，甚至有足够的转化率和客单价，却没有供应链去实现这五个"R"，企业做的就只能是一锤子买卖。做不好供应链，客户的体验不佳，流量越多，不仅赚不到钱，还有可能适得其反，加速公司的灭亡。

其次，供应链成了盈亏的关键因素。

如前所述，后互联网时代，当竞争的焦点从如何获取线上流量转变为如何提供更好的客户体验，从而留住并吸引更多的客户时，企业就不得不深入介入供应链的实际运营管理中。但遗憾的是，供应链恰恰是大多数互联网企业的弱项。

库存、滞销、缺货高企，物流网络不成熟，供应链成本居高不下，这是当下互联网企业从线上走到线下所面临的最大的挑战。谁能够在这个时候找到突破口，谁就有可能领先一步，并形成坚不可破的竞争壁垒。最后，供应链打破了互联网的边界。

如果说互联网的鼎盛时代是属于2C的时代，催生出了淘宝、天猫、京东、亚马逊这些互联网巨头，那么后互联网时代则是2B的时代，是属于产业互联网的时代。

产业互联网的核心即供应链！因为产业互联网的三大盈利模式，即物流服务、供应链金融和产业SaaS，分别对应了供应链的三大要素，即实物流、资金流和信息流。搞不定供应链，就根本不要去做产业互联网。

在后互联网时代，还有一个关键的变化需要引起我们足够的重视，即从线上走到线下，组织模式也在发生巨大的变化。

互联网时代是军团作战，即总部作战模式，指挥者通过总部下达指令，以压倒一切的方式快速歼灭敌人。"双11"是最典型的例子。那种势如破竹、横扫一切的力量，足以让对手望风而逃，一战定乾坤。

但是，后互联网时代，由于战场的格局变得错综复杂，战斗的形态已经发生了本质的改变。从过去的军团作战，变成了以区域为单位的歼灭战和阵地战。在这个过程中，总部的职能从决策转变成了赋能。这是一场持久战，需要供应链端持续地优化。

赢家通吃的时代已经成为过去，供应链为王的时代已经来临。后互联网时代，你做好准备了吗？

一、不同类型的企业如何切入产业B2B平台

（一）案例1：老江湖栽跟头

吴老板是石油界的老江湖，这些年生意做得顺风顺水。公司虽然人手不多，但是做石油批发，一年也有几亿元的流水。往往是买入卖出转个手，每吨就有四五百元的利润。多年下来老吴也积累了一笔不小的财富，住在小洋楼里，每天喝茶交友，日子过得别提多滋润了。

老吴的石油批发生意靠的不仅是行业经验和对市场的洞察，还有他

那一颗"勇敢的心"——敢投钱、敢冒险。只要大势判断正确，上千万元投下去，钱来得特别快。

这两年，随着国际经济的疲软衰退，石油市场急转直下，吴老板的大半身家都赔了进去。亏了上千万元的老吴夜不能寐，辗转反侧，苦苦思索着自己的未来。

经过这一次，老吴也想明白了：经济总会有起起伏伏，碰上好光景就赚钱，碰上经济萧条就亏死，这跟靠天吃饭的农民差别并不大。表面上光鲜无比，实际上没有太多"技术含量"。而且像他这样的贸易商，全国至少有成千上万个。是继续坚守传统模式，还是做一些突破？未来的路在哪里？老吴很矛盾。老吴的焦虑并不是个案，他的公司是中国千万家传统企业的典型代表。这类企业深耕行业多年，有着深厚的行业积累和资源。但是在经济增速持续放缓、产能严重过剩的大背景下，企业的生存面临着巨大考验。若坚守传统，只能维持微利；转型 B2B，企业却不知道如何入手。

（二）案例 2：彭翔的烦恼

前几年互联网金融兴起，在金融行业摸爬滚打多年的彭翔趁势把自己在圈内的资源做了整合，成立了一家 P2P 公司。没想到，由于国家宏观政策的要求，这几年众多 P2P 平台由于风控不佳而掀起了倒闭潮，彭翔的公司也不例外。

初次创业失败的彭翔不想认输。之前在做 P2P 的时候，彭翔一直认为，P2P 的商业模式其实十分简单，门槛不高，竞争激烈，好的项目大家都抢，高风险的项目谁也看不上。并且，对于金融行业最重要的风险控制问题，P2P 平台并没有很好的解决方案。这几年，国家出手对 P2P 平台的整治也证明了这一点。再次创业，彭翔想到了供应链金融。

供应链金融是围绕供应链上的真实交易所产生的新型融资方式。国内中小企业普遍面临融资难题，加之市场的低迷、产能的过剩，产生了大量的供应链融资需求，其中不乏优质项目。然而，彭翔的优势是金融，从未接触过供应链的他即便想做这块业务，也担心自己不知深浅，不敢贸然行事。如何着手搭建供应链金融平台？彭翔希望有高人能够指点一二。

一方面市场上中小实体企业的供应链上普遍缺钱少粮，另一方面金融机构手握重金却无法找到合适的标的物。各类基金、信托，甚至保险、银行等机构都面临同样的问题——小企业不敢投，大企业抢不到。在这样的背景下，供应链金融无疑提供了一个很好的选项。但是供应链金融怎么做，传统金融机构纷纷寻找突围方案。

传统企业、资金平台、软件公司，纷纷遇到了发展瓶颈，都在寻找突围的方向。许多人把目光聚焦在了产业 B2B 平台上。

前几年，找钢网、找塑料网、找煤网、美菜网……"各种网"纷纷崛起，在各自行业的市场里掀起了不小的波澜。它们凭借手中掌握的资源和对市场的理解，不断探索提升行业效率的新型商业模式。另外，许多链主企业也凭借着自身的优势，开始探索搭建产业互联网的平台模式。

它们虽然都和"网"有关，但支撑其商业模式的核心价值在于优化行业供应链，为客户创造价值。而"互联网"作为一个重要的工具，能够将这种价值以最有效率的方式传导到行业内的每个角落。

在这样的大背景下，许多企业虽然手握某项资源，也想涉足产业 B2B 平台，但是往往不知其门，更不得而入。如何突破？

笔者认为，切入产业 B2B 平台，第一步就是"找朋友"。

产业 B2B 平台的关键切入资源有 3 个，分别是产业资源、产品技术和资金资源。而这 3 种资源恰恰又与供应链的 3 个要素紧密关联，它们分别是实物流（产业资源）、信息流（产品技术）和资金流（资金资源），三者缺一不可。本章开篇的 3 个案例，讲述的便是分别拥有这 3 种资源的独立个体。

产业 B2B 平台的本质还是产业供应链平台，只不过借助了互联网这一工具，在流动效率和速度上为产业创造了新的价值。所以，搭建一个成功的产业 B2B 平台，首先要把这 3 种资源找齐。

拥有产业资源的往往是在这个产业浸淫多年的传统企业、社团组织甚至个人，如制造商、贸易商、批发商，或者是从事这个行业多年的物流企业、信息平台等服务商，甚至是一些行业协会或者行业大咖。这些企业和个人深耕行业多年，具有深厚的产业背景，熟悉上下游交易的过程，深谙交易环节中的痛点。

拥有产品技术的往往是那些了解互联网，有互联网SaaS平台架构和开发经验的企业或个人。前几年，国内互联网B2C兴起，培养了许多互联网人才。然而，真正具有全平台搭建经验的精英人才凤毛麟角。当然，产品系统平台的搭建往往不是仅凭一人之力就可以完成的，我们既要寻找高屋建瓴的大咖，也要寻找能够干活的靠谱团队。

拥有资金资源的平台表面上看很多，各类基金、私募满天飞，但是驱动供应链金融业务的关键问题不仅是有没有资金，还有资金的成本有无竞争力，风控体系是不是完善，各类牌照是不是健全。反过来也一样，资金的介入往往需要找到优异的资产。在架构上，需要在资金收付和增值循环中形成闭环，否则风险不可控。

抛开供应链金融服务不说，平台自身的建设也需要大量的资金投入，尤其是对于以撮合交易为主的平台。笔者曾经就B2B平台建设的资金投入与某找X网的创始人深谈过，测算结果很惊人，仅仅启动一个撮合类B2B平台，至少要上千万元资金作为储备，后续还需要N轮融资来补血。当然，假如做自营类的平台，启动资金相对少很多，但是靠自身运营来补血，步伐也会走得更慢些。

"找朋友"是切入产业B2B平台的第一步，这一步走好了，就为后面的平台搭建奠定了坚实的基础。但假如企业仅拥有三者中的一项或两项，平台的构建就缺一角，即便平台勉强上线，未来也迟早要补充缺失的项。

说来也有趣，笔者的一些朋友，因为在供应链上遇到了问题，找笔者出谋划策。而他们中的大部分，面临的就是"三缺一"或"三缺二"的情况，然后往往只是把他们凑在一起，就有了一个非常不错的项目"基本面"。

当然，即便已经拥有了这3项资源，也不要高兴得太早，因为这只是开始，离B2B平台的成功搭建还差十万八千里呢！那么，成功地搭建一个B2B平台，还需要具备哪些条件呢？

二、抓住供应链痛点：切入产业B2B平台

切入产业B2B平台，需要拥有3个关键要素，即产业资源、产品技术和资金资源。那么，是不是拥有了这3个要素，就万事俱备了？

现实并没有想象的那么简单。好比搭了一个舞台，灯光、舞美、乐队、演员、观众都有了，但是戏好不好看，关键还是要看剧情。

搭建B2B平台也一样，产业资源、产品技术、资金资源都具备了，但是客户是否买账，还是要看这个平台能给客户带来什么。这往往是最难的地方。我们把这个过程叫作找痛点。

如何找到痛点，成功切入产业B2B平台呢？推荐3个分析维度供大家参考。

（一）平台的"三流"维度

产业B2B平台的本质是产业供应链平台，因此寻找痛点也应从供应链的角度入手，即实物流、信息流、资金流。

从实物流的角度可以思考的问题：交易环节是否过多，物流的效率是否过低，物流的服务水平如何，货损货差是否普遍存在，物流费率是否过高。

从信息流的角度可以思考的问题：信息透明度是否过低，依靠信息不对称博取差价是不是行业普遍现状，行业信息化水平是否过低，手工纸面单据是否过多，行业数据是否有效利用。

从资金流的角度可以思考的问题：资金的收付环节是否存在较长账期，产品的可市场化（标准化）程度是否足够高，资金的使用成本是否过高，融资的时间是否过长。

从"三流"整体匹配的角度需要思考的问题：行业的供应链管理成熟度处在什么位置，供应链管理水平最高的行业往往是那些竞争十分激烈的行业，如汽车行业、电子行业、快消品行业、服装行业等。而传统行业，如建筑、农产品、大宗商品等行业往往较为落后，存在大量的机会和痛点，尤其是那些国家重点扶持和大力补贴的传统行业。就拿白糖这个采购品类来说，国内供应链管理水平比较落后，政府不断补贴糖价，导致国内外白糖价格倒挂：进口糖价格低、质量好，但是没有配额进不来；国产糖价格高、质量差，但是不愁卖。这就造成了白糖产业的上游缺乏变革的动力，在大宗商品市场波动的时候显得特别脆弱。

可口可乐公司进入中国以后，就运用了许多先进的供应链管理知识来改造自己的白糖采购供应链，取得了显著的效果。这些改善方法是可口可乐公司针对自己的企业供应链做出的变革，那么再往前走一步，如果跳出企业看行业，有没有什么平台能够运用类似的方法来推动这个行业进行整体变革呢？这就是上糖网这个B2B平台正在尝试做的事情。关于上糖网的案例，可以查看《供应链架构师：从战略到运营》中的相关内容。

还有一点需要指出，从逆向供应链角度思考，我们可以发现不少痛点。例如，在行业里，退货、退款通常怎么处理，取消订单怎么处理，有没有行业内普遍存在的痛点。

（二）平台的"三交"维度

与"三流"维度类似，还有所谓的"三交"维度，即交易、交付和交互。这3个维度是典型的互联网思维。交易更多的是关注线上，交付更多的是关注线下，交互更多的是关注协同，如何通过平台提高上下游的协同水平。

从交易的角度可以思考的问题：交易流程是否太过复杂，交易的效率是否过于低下，线下的交易是否可以数据化，交易的数据是否可以产生附加价值，交易是否存在不对等性。

从交付的角度可以思考的问题：交付标准是否存在，交付效率是否低下，交付质量是否过低，交付费用是否过高，交付环节是否过多，交付纠纷怎么解决。

从交互的角度可以思考的问题：交易双方的典型画像是什么，如何满足交易双方的多样化需求，如何站在人性的角度解决交互问题，如何提高上下游协同的水平，计划怎么做，库存怎么管，补货怎么弄。

（三）平台的客户定位维度

除了从"三流"维度、"三交"维度分析，还可以从客户定位维度来分析。这里也可以一分为二，即客户的位置角度和规模角度。

从客户的位置角度思考，产业供应链的"三流"往往非常长，平台往往很难上下游、端到端通吃。因此，必须根据交易的环节对供应链进行切割，将供应链分成生产端、流通端和销售端，甚至还需要提高分析的颗粒度，进一步将其展开到某个具体的交易环节，例如，从厂商到一级经销商、从一级经销商到B端客户，或者从厂商到B端直销客户等。

我们需要搞清楚平台具体为哪些环节的客户服务。

从客户的规模角度思考，客户的规模有大有小。找钢网的创始人王东提到，他所服务的客户主要是下游海量的中小客户。这是典型的互联网思维，即"长尾理论"所带来的聚沙成塔效应。但是，也有平台主要针对大中型客户，这类平台往往在某一方面具备足够的优势，如物流优势、分销渠道优势等，因此备受大型客户的青睐。

从客户所在市场的集中度角度思考，市场的集中度越高，客户端的话语权就越高，能力也越强，客户就越有实力越过平台直接进行交易，也有可能通过自建或投资平台的方式将自身业务边界向外拓展。

以上，我们从 3 个维度分析了如何寻找产业 B2B 平台切入的痛点。找到了痛点，才能进一步进行平台产品的设计。当然，并不是所有的痛点都是有效的。往往某个痛点可能对别的平台有用，对我们无效。关键是痛点的解决方案是否与我们所拥有的资源（产业资源、产品技术、资金资源）相互匹配。

三、自营还是撮合：产业 B2B 平台从何处起航

产业 B2B 平台的建设是一个复杂的决策过程。第一步，找到 3 个关键要素，即产业资源、产品技术和资金资源，我们把这个步骤称作"找资源"。第二步，结合所拥有的资源，挖掘平台给客户带来的价值是什么，我们把这个步骤称作"找痛点"。接下来，我们要谈到的是另一个重要的决策点，即平台是以自营模式切入，还是以撮合模式切入。

这两种模式各有优缺点。总体来说，撮合模式主要是收取佣金（服务费方式），而自营模式主要是赚取差价（买入卖出方式）。撮合模式较轻，有利于快速导入贸易商资源，积累用户和交易量，但缺点是用户黏性不强，盈利能力较差。自营模式较重，往往需要自建物流仓储、ERP系统等，可以很好地掌控供应链，提高客户体验，但缺点是投入周期长，扩张速度较慢。

无论是以撮合模式切入，还是以自营模式切入，其实殊途同归，终极模式一样，都应该是"自营＋撮合"的混合模式。两者的关键区别在于平台的发展路径不一样。

撮合平台首先需要吸引各级贸易商，尤其是中小贸易商或生产商的参与，将它们现有的线下交易搬到线上；在形成了海量的"交易规模"以及"数据资源"后，平台拥有了与上游大型贸易商或生产商博弈的筹码，类似于B端的"团购"平台；在取得了上游大型贸易商或生产商的代理资源后，进一步整合产业结构，导入自营模式；最后形成"撮合＋自营"相结合的混合模式。

撮合平台能否成功的关键，在于其能否在前期撮合模式下解决用户的关键"痛点"，从而快速导入交易量，并形成可持续的交易规模，最后形成真实的海量交易数据。在这一点上，许多撮合平台走了弯路，没有深挖客户"痛点"，而是围绕价格进行补贴，导致交易量缺乏可持续性，陷入了一轮又一轮的烧钱游戏中。

自营平台则恰恰相反。它首先通过自建的资源，如物流、ERP或资金池，直接与上游生产商或者大型贸易商达成合作协议，以买入卖出赚取差价的方式对接下游客户。这种模式往往会对传统的供应链体系造成一定的冲击，在业务上与部分下游区域经销商形成冲突。价格有优势的自营平台会针尖对麦芒地投入区域战斗中，而服务有优势的自营平台会有选择性地与区域经销商合作，进行优势互补。

自营平台的资源优势往往不是一蹴而就的，需要资金的投入、长时间的试错和磨合，加上与区域经销商之间存在一定的竞合关系，因此发展速度较慢。但是当自营平台的盈利能力逐步提升，前期的积累达到质变的突破点后，其服务水平和盈利能力会在行业内形成口碑和品牌聚集效应。这种聚集效应能够不断吸引各级贸易商加盟，从而打开撮合交易的大门。类似地，在B2C领域，京东就是一个从自营走向"自营＋撮合"混合模式的很好的例子。

很多人误以为产业B2B的终极模式是直营，没有中间商，因为所有的中间环节都是多余的，去除中间环节是最有效率的方式。但笔者对此有不同的看法。产业B2B的终极模式应该是"自营＋撮合"，产业供应链上的各级参与者都有其存在的价值。

中间商的存在与否取决于其是否对供应链有价值，而不因其为中间商就不必要存在。大多数情况下，中间商的价值在于其服务于某类特定的客户，可以满足这类客户的独特需求，如承担库存、承担价格波动风险、提供部分增值服务等。

这里面最有趣的是，选择不同的切入方式，会与中小经销商形成截然不同的关系。以撮合模式切入将形成合竞关系（合作在前，竞争在后），以自营模式切入将形成竞合关系（竞争在前，合作在后）。无论以什么方式切入，最终都是合作与竞争。那些在供应链上不产生价值的经销商都将不复存在，而那些在供应链上依靠自身能力提供价值的经销商更是谁也替代不了的。

除了自营和撮合模式，还有一种联营模式，即与上游或下游的某个具有强大资源的企业联合经营，共同开发B2B市场。例如，与上游生产商或大型经销商联营，获取产品成本优势；再如，与下游渠道商联营，获取贸易流通资源；还可以与第三方，如物流企业、信息化平台等联营。这种模式并没有太多新意，B2B平台的建设需要先"找到资源"。找到资源以后，可以成立新的公司，可以联合经营，可以选择不同的合作模式，关键是看资源能否互补。

"自营＋撮合"的混合模式结合了两者的优点，尤其在盈利手段方面，既可以赚取服务费，如提供物流服务、供应链金融产品、信息服务、交易服务等，也可以赚取中间贸易差价，甚至还有类似找钢网那样利用自身资源参与其他B2B平台的股权投资。

但是，混合并不等于不做任何区分。例如，假如销售渠道没有区分，就会出现终端销售体系混乱的局面。销售人员不知道该卖自营的产品，还是做撮合。因此，需要针对不同的渠道特点、不同的客户特点，结合经销商和自身的优势弱势，做市场的细分管理。在供应链端，也需要做一定的区隔，即"复合供应链模式"。

当一个B2B平台实现了"自营＋撮合"的混合模式后，无论从规模角度还是盈利角度来说，都在行业内形成了较高的竞争门槛，新进入者往往需要付出数倍的努力才有可能与之竞争。直到这个时候，我们才能说平台的架构工作已经完成，平台的生态已经初步建成。

四、从企业供应链到产业 B2B 供应链架构：从封闭到开放

过去研究供应链架构，往往以企业为对象，从单一链条展开，关注供应链上的核心企业（"商业链主"）与非核心企业（链属）之间如何进行有效协同，从而提升单一供应链的效率和价值，并与其他供应链展开竞争。

为了确保竞争优势，单一供应链往往自成体系、内生循环，称其为"封闭式企业供应链体系"。

近几年，随着供应链上第三方（物流、金融、信息服务方等）的服务水平和整合能力的大幅提升，供应链架构的内涵和外延正在不断拓展，出现了产业/平台供应链的概念。

在供应链网络中，产业 B2B 平台方同时为多条供应链服务，其通过提供丰富多样的增值服务，吸引了大量的上下游企业入驻平台，形成了"企业（N）＋产业平台（1）＋企业（M）"的模式。

为了提高服务效率，平台往往服务多条供应链，通过共享服务带来规模化优势。因其体系开放，外生循环，将其称为"开放式产业平台供应链体系"。为什么需要在平台前加上"产业"这个限定词，原因很简单，因为产业之间的差异巨大，只有当平台将其关注点下沉到某个具体产业时，它才能做到足够专注，才能发现产业上的痛点和效率改善点。

如果往前追溯十年，我们会发现，这些供应链上的第三方服务商大多较为弱小，且十分分散，服务内容也较为单一。它们或者依附于某（几）个大企业集团（链主），依靠链主给予的业务维持生存和发展，典型的代表为合同物流；或者仅从事某单一业务，是该业务领域的专家，但是无法形成综合解决方案，客户数量多，但是利润微薄，且可替代性高，典型代表为货运代理公司。

弱小受欺，被动挨打。以物流企业为例，前些年我们参加物流行业的峰会，听到最多的就是"钱难赚""客户少""压力大"。然而这几年情况大为改观，许多率先转型的物流企业如今做得风生水起。其业务线也从过去单一的物流服务，拓展到了信息化，甚至是投融资等过去只有金融机构才能玩的"高大上"项目。

其实这背后的逻辑并不复杂。过去第三方服务企业重点关注的是"三流"中的某个流,如物流企业关注的是"实物流",IT企业关注的是"信息流",金融机构关注的是"资金流",还不能称之为真正意义上的供应链管理。在以品牌企业为核心的"封闭式企业供应链体系"中,控盘的是核心企业,即"商业链主"。"商业链主"是"三流"的整合者,它可以选择不同的物流企业、金融机构、信息系统来为其服务,作为乙方的服务方只能唯命是从、俯首帖耳。

然而,当第三方服务企业对"三流"进行有效整合之后,它就能够脱离原有的"封闭式供应链",转而成为"开放式供应链平台"的主导者。在某种意义上,这些产业平台方因为整合了"信息流、实物流、资金流",转而成了服务多条供应链的"平台链主"。"商业链主"和"平台链主"之间能力互补、利益互补、纵横交错、相互支撑。

在供应链体系从"封闭式"向"开放式"转变,从"企业"向"产业平台"转变的过程中,供应链的管理、供应链的架构方式也在悄然发生变化。下面我们不妨来做个对比。

(一)"封闭式企业供应链体系"的架构重点

1.供应链结构:推拉结合,核心企业控制"三流"

通过"两向一点、推拉结合",降低牛鞭效应对供应链造成的影响,具体可以参考《供应链架构师:从战略到运营》第三章。核心企业地位的高低体现在其对该封闭链条"三流"的掌控力上。

2.资金流:关注企业现金周期、供应链"1+N"模式

这里包括两部分,第一部分是现金周转,我们希望做成负数(天),这样企业可以做到资金不断流,大大提升企业的生存和竞争能力。如果无法做成负数(天),则需要考虑供应链资金来源的可靠性设计,否则资金流断裂,供应链将不复存在。第二部分是尝试使用供应链金融工具。链主可以利用自身资源推行"1+N"模式,提高上下游资金的使用效率和控制力。具体可以参考《供应链架构师:从战略到运营》第九章。

3.实物流:关注外包与自建的合理规划、轻资产和重资产的合理搭配

核心竞争力部分要坚持自建,而且要敢于投资、敢于重资产。这方

面，亚马逊是个好例子，这么多年的重度投入，换来了今天的成就，而且为竞争者筑起了高高的门槛。非核心竞争力部分可以选择外包，3PL（第三方物流）、VMI模式、物流中心的外包都有相当成熟的案例。当然，外包的前提是市场资源高度专业化，能够满足企业的需求，否则外包的成本同样很高，磨合周期也很长。

当然，还有一种思路：如果企业负担不起重资产自建的成本和风险，而市场上的外包资源运营总体水平又十分低下，那么可以考虑重资产自建标杆，打造模式以及流程标准，然后大规模复制。标杆模式可以不断升级以保持技术和流程的领先优势，从而构建竞争门槛。

4.信息流：关注信息协同的等级

上下游协同，主要是打通信息的共享机制，可以使用S&OP、CPFR、CRM、SRM、EDI等方法、工具、系统来解决上下游信息共享的问题。然而，封闭式供应链共享的难点在于信任和竞争的博弈。一方面要相信自己的合作伙伴，另一方面又要防止合作伙伴把信息分享给竞争对手。因此，封闭式供应链体系在协同上强调"战略合作+信用背书"：不同的信用、不同的关系、不同的信息共享等级。在某种程度上，这也阻碍了产业的发展。

（二）"开放式产业平台供应链体系"的架构重点

1.供应链结构：关注路径和效率的优化，平台企业整合"三流"

所谓路径和效率优化，即通过产业平台减少供应链上的非增值路径，但前提是平台要有足够的能力来整合"三流"，形成规模优势。注意，这里使用的是"整合三流"而不是"控制三流"，因为产业平台是一个开放式平台，应该通过有效"整合三流"来提供服务和价值，且避免与上下游发生过多的竞争；而封闭式企业供应链则以"控制三流"作为其保持竞争力的重点。这个定位确保了两者的利益，十分重要。

整合意味着要尽可能聚合各方的力量和优势，有侧重点地进行"三流"的强控和弱控架构，从而推动行业供应链水平的整体提升，而非个别企业的供应链运作水平提升。

2.资金流：提供供应链"N+1+M"服务，提供信用

风控的关键在资金流上，产业平台作为第三方，可以依托上下游交

易提供丰富的供应链金融产品，并通过掌握物权、数据、交易等来提供信用。由此，风控体系就自然而然地成了平台资金流架构的关键点。

3.实物流：自建或协同第三方提供物流增值服务，尽可能控制货物的流转权

由于为海量的上下游提供服务，因此物流的规模效率大大提升，第三方物流企业重资产投入所产生的竞争优势以及成本优势得以体现。加上物流服务可以控制货物的流转权，为供应链金融服务提供了良好的信用支撑，所以物流企业天然具备做供应链金融的优势。

4.信息流：扩大信息共享，使用大数据和反向定制

信息流是平台的关键抓手，实物流可以不走、资金流可能不过，但是如果没有了信息流动，平台就完全失去了价值。因此，无论自营还是撮合，无论初级模式还是终极模式，信息系统的投入是所有产业平台都绕不过去的课题。只有掌握信息流，才会有大数据的基础，未来才有可能走向C2M/C2B反向定制。

5.典型案例

"开放式产业平台供应链体系"的典型案例有找钢网、找煤网、科通芯城等。值得注意的是，无论是企业还是平台，都需要思考以上策略的集成架构，而不是围绕单一流进行规划或优化，否则顾此失彼，最终仍将面临失败。

供应链从企业到产业B2B，从封闭到开放，是大势所趋。当价值链发生调整的时候，企业的核心价值是否会发生变化，企业的供应链架构是否会受到冲击，是坚守还是变革，这是每一家企业都应当思考的问题。

诚然，未来的供应链一定是"封闭式"和"开放式"皆有。强势企业可以继续深耕经营其封闭式供应链，保持其竞争优势。而弱势企业则需要抱团取暖，依托平台提供的供应链服务来与大企业集团展开竞争。

这是一个有趣的时代，微笑曲线已经渐行渐远，强权不再独揽，"草根"可以逆袭，平台可以爆发。我们要做的，就是找寻自身存在的价值！

五、链主企业做平台：思维模式必须改变

在企业的供应链变革中，推动变革的往往是链主。它们立足于自身，

通过运用供应链的先进技术、理念和模式，提高企业供应链上下游合作伙伴的协同效率，从而获得竞争优势。

在产业B2B的供应链变革中，推动变革的往往是平台。它们立足于产业，找到产业链上下游的痛点，通过匹配相应的供应链服务，推动产业协同效率的提升，从而促进产业的升级。前者是链式思维，后者是网状思维。

链式思维，针对的是单个企业的供应链，是供应链的流程再造；网状思维，面向的是平台上不同企业的供应链，是供应链服务产品的创造。链式思维强调的是"我"，网状思维强调的是"你"！这里的"我"指的是"我所掌控的这条供应链"；"你"指的是"平台上的企业（你）的供应链"。

由链式思维衍生出来的是"供应链管理思想"，其核心在于"管理"，是链主对于自身所处供应链的主动管理和协调；由网状思维衍生出来的是"供应链服务思想"，其核心在于"服务"，是平台站在中小企业的角度为它们设计并提供供应链服务。主体不一样，思考方式自然不同，表现形式也有所差异。当习惯于供应链管理的链主企业涉足产业平台创建时，由于思维方式没有从"管理"转向"服务"，往往容易步入三大误区。

误区一：平台即渠道链主。企业创建B2B平台，仅仅将其作为企业的互联网销售渠道。最为典型的表现形式是创建一个电商网站，将企业原本在线下销售的产品搬到线上销售。这就是典型的链主思维，是站在"我"的角度来布局B2B平台，以B2C的方式来打造B2B平台。B2B往往是低频、熟客交易，其背后是复杂规范的商业流程，无法像B2C平台那样通过产品的展示和简易的交易获得巨大的流量。因此，采用这种方式创建的B2B平台，更多的是成了链主企业产品的展示平台。

误区二：平台即产品。B2B平台作为企业信息化的主导者，被授权构建供应链管理相关的信息系统，如客户关系管理、供应商关系管理、仓储管理、运输管理等系统，将企业传统的手工交易系统转变为电子交易系统。

企业信息化、数字化建设属于供应链管理的范畴，是打通信息流的关键步骤。但是，链主企业自身的信息系统架构与产业平台的信息系统架构有着天壤之别。前者封闭，而后者开放；前者定制化程度高，而后者通用化程度高；前者既可以搭建在企业自有的服务器上，也可以放在云端，而后者必须建立在云端的SaaS系统。

误区三：平台即工具。这里所说的工具，指的是链主"压榨"链属的工具。链主企业借助B2B的概念和平台，可以更加方便地从合作伙伴身上"榨取"更多的利润。

例如，一方面强行延长供应商的付款周期，另一方面给供应商提供所谓的"供应链金融方案"来赚取利息。供应链金融专家、中国人民大学商学院宋华教授将其称为"流氓式"的供应链金融。除此以外，还有通过强行指定物流服务商、强行要求安装IT系统等各种"流氓方式"来压榨合作伙伴，这些都是典型的链主思维。

我们发现，链主企业在建立B2B平台时往往十分纠结。这种纠结表现在两方面：一方面担心自建B2B平台的开放性体系会对传统的市场格局造成破坏；另一方面担心因为没有紧跟趋势而被新出现的B2B平台所颠覆。

因此，链主企业构建B2B平台更多的是在互联网时代下的一种防守策略。这种防守心态，使得链主企业对于平台的定位往往模糊不清，没有划分清楚"管理"和"服务"的边界，容易步入以上3个误区。

不过，步入这3个误区，并不会给链主企业本身带来多大的坏处，因为无论如何，站在供应链的角度，它依旧能够帮助链主企业提升效率。但是，它的范围也仅仅限于单个企业的供应链效率提升，而不能带来行业的价值提升。

产业B2B平台的终极目标是形成产业生态链，在生态链内有大大小小不同规模的企业，它们的诉求各不相同。从企业供应链向产业供应链变革，阿里巴巴的"总参谋长"曾鸣教授提出了S2B的概念，强调平台赋能众多的B端，而不是管理B端，通过服务供应链上拥有不同诉求的企业来创造更大的价值。

供应链的服务有着丰富的内涵和外延，可以是信息服务、物流服务、金融服务、系统开发，甚至是供应链的咨询辅导等。站在"供应链服务"

的角度，必须跳出链主思维。平台应站在供应链上下游 B 端企业的角度，判断它们需要什么，它们的痛点是什么，这些需求和痛点是否具有普遍性，是否能够通过创新的、相对标准化的服务产品来满足它们的需求，解决它们的痛点。

这是价值的创造，而非单纯的效率提升。效率提升往往指的是对原有流程进行优化；而价值创造是新流程、新模式的构建。前者是切蛋糕，后者是做蛋糕，两者有本质的区别。

第四节　新零售智慧供应链平台的搭建

一、新零售供应链平台的迭代演进之路

电商供应链的发展有 3 个阶段。

第一个阶段是 B2C 阶段，线上运营，流量为王。各大平台跑马圈地，目的只有一个，即获取最多的流量。商品交易总额=流量 × 转化率 × 客单价。流量是所有运营的前提。而供应链则被放到了相对次要的位置。

在这一阶段，供应链的重心仅在于物流。B2C 时代，物流网络并没有那么复杂，它主要解决的是从 B 端到 C 端的触达问题。因此，有的平台采取了自建，有的采取了外包，但都能满足 C 端客户的基本需求。围绕电商成长起来的物流企业成了这个时代最大的受益者之一。但这也让许多人产生了误解，那就是电商供应链等于物流。

第二个阶段是 B2B2C（简称 BBC）阶段。在这一阶段，线上 B2C 流量见顶，电商平台积极拓展线下渠道，采用新零售、无界零售、智慧零售等方式打通线上和线下，大举进入 2B 市场。虽然终极目标依旧是 2C，但上游 2B 市场却是一片尚未开发的处女地。当然，这片土地上依旧住着许多强悍的原住民，即传统零售。

此时此刻，供应链的全面竞争才刚刚开始。这不是单纯的企业和企业之间的供应链竞争，而是新零售供应链和传统零售供应链的效率之争。

线上线下两种供应链运作思想发生剧烈的碰撞。一种是线上互联网

企业与生俱来的数字化运营思想，另一种是线下传统企业数十年磨炼出的精益运营思想。这两种思想一经碰撞，便发生了化学反应，由此产生了新零售供应链的运营模式。它有以下几个典型的特征。

（一）从各端分散到多端融合

B2C时代的供应链被误解成了物流，但是在BBC阶段，供应链终于得以正名，回归其本质。供应链不仅包含物流端（仓端、配端），还包含商家端、商品端、门店端、平台端、消费者端等，这些以往分散在各个公司、各个部门的供应链节点，逐渐被收拢并齐，按照统一的战略和策略，端到端地进行管理和管控。

端到端自然也包含供应链的3个最核心的要素：实物流、信息流和资金流。实物流在物流网络层面，信息流则在系统产品层面，资金流在交易支付以及财务金融层面。由业务顶层战略驱动的三流合一的供应链架构思想也逐渐得到认同。

多端融合并不仅仅是意识形态的趋同融合，而是生产关系的打通理顺。它最典型的表现形式就是从"各自为政"变成"政出一体"，由此，供应链管理的效率和能力大幅提升。

（二）"平台链主"和"商业链主"开始分工协作

供应链上有一个链主的概念。传统的链主是指在一个封闭式供应链体系里，某一家企业在这个供应链上拥有最大的话语权，因此可以指挥协同上下游共同创造供应链的价值，本书将其称为"商业链主"。

在BBC时代，"平台链主"应运而生。如果说"商业链主"做的是垂直一体化供应链的建设，"平台链主"则负责横向一体化的整合。

过去，"平台"的核心是运营流量。而如今，"平台链主"的核心则是运营供应链。从流量运营到供应链运营，平台的能力急需提升。

新零售供应链的运营包含商家运营、商品运营、货品运营、网络运营以及门店运营等。对于平台上的海量商家、商品、货品，以及线下的网络及门店，"平台链主"以横向一体化的方式进行集约化和规模化运营，从而降低了单一"商业链主"的运营成本，提高了其运营效率，能够让其更高效地管理自身独特的商业供应链。

这种能力的建设，表面上看是对物流管理提出了要求，实际上是对商家管理、商品管理、需求管理、物流管理的高度集成一体化管理能力提出了要求，而其中有两个关键能力是必须具备的，即全链路的仿真决策能力和全链路的计划统筹能力，但是这一点常常被管理者忽视。

当BBC阶段的建设完成后，电商供应链就进入了第三个阶段，即S2B2C（简称SBC，这里的S指的是供应链平台化服务）阶段。

BBC和SBC的区别在于：在BBC阶段，"平台链主"和"商业链主"之间仍然是博弈的关系，彼此信任关系尚未建立，"平台链主"的供应链能力也比较薄弱；而到了SBC阶段，"平台链主"和"商业链主"彼此成就，"平台链主"为"商业链主"提供供应链服务，"商业链主"为"平台链主"提供基础流量。

事实上，"平台链主"和"商业链主"的利益并没有本质冲突，在未来很长一段时间里，它们之间的互信和合作会越来越深。在SBC阶段，这种关系会让彼此之间形成高度的默契，并创造出新的价值。

（三）"数字化精益运营思想"的产生

数字化是互联网企业的基因，精益运营是线下传统零售的基因，两者融合产生了"基于数字化的精益运营"思想。

线下零售经过数十年的发展，已经在成本和效率上达到了极高的水平，其精益流程往往是靠一分一厘地在细节中逐步抠出来的。以塑料周转箱为例，用多大的周转箱，什么颜色的周转箱装，箱子立起来可以承受多大压力，展开叠放的时候可以节省多少空间。这些都是传统零售人在日复一日的工作中，在经历了无数的失败后总结得出来的经济。

线上互联网企业在过去十几年的发展中，也形成了一套数字化的运营思想。一切事物数字化，然后通过算法进行数字化和智能化运营。仍以前述的周转箱的例子来说，用多大的箱子，传统零售业者更多的是依靠标准化流程或者以激励员工的方式来让一线员工挑选最合适的箱型。但互联网人则会思考如何通过算法来自动匹配箱型，从而减少人为差错导致的浪费。

这是两种思想的完美结合，也必然会驱动生产力朝着更高的方向发展。

从B2C到B2B2C，再到S2B2C，这是一个兼容并蓄、逐步开放的过程，也是从消费互联网向产业互联网的升级再造的过程，它必然会推动中国电商供应链最终成为世界上最成熟的供应链体系。

二、新零售供应链的三大价值闭环

新零售并不是简简单单的"一只手买进，一只手卖出"或者"我搭个平台，你们（商家）来唱戏"。作为新零售时代的塑造者抑或参与者，无论是 B2B2C，还是 B2C，平台都不应只是在中间作为价值的传递者，而应当成为整个链条上的价值创造者。

举个简单的例子，平台对消费者需求数据进行清洗整理，形成预测，并把它提供给上游的供应商（商家）。表面上看，平台在中间做了一些事情：抽取数据形成预测，让上游供应商更好地备货。但实际上，它依然是价值的传递者而不是创造者，或者更直接点说，它只是数据的搬运工。因为从数据的抽取、加工到形成预测，并不只有平台能做，只要拥有数据，谁都能做成这件事情。平台并没有为客户、为上下游创造真正的价值。

还有一种说法是，因为只有"我"拥有这些数据，所以使用这些数据必须经过"我"，这就是"我的价值"。遗憾的是，这不是价值，这是典型的数据垄断和数据壁垒。从长远来看，但凡通过所谓的垄断或者壁垒所创造的价值都不是真正的价值，而是"负价值"，完全不具备可持续性，也不能形成商业模式。

数据非常重要。但是单纯依靠数据，却没有通过数据来驱动价值的形成方式发生改变，从而通过平台创造出效率更高、成本更低的新商业模式，就没有形成真正的价值闭环。那么，新零售平台如何塑造价值呢？它需要围绕商品力、供给力和盈利能力形成整个价值闭环。而这个价值闭环的创造，是由供应链来承载的。

先拿商品力来说，它指的不仅仅是为客户供应他们所需要的商品，还应当包括为客户创造他们所需要的商品。例如，客户需要一支软毛牙刷，我们通过客户画像和数据分析，为客户找到了他所需要的商品。但是，假如我们再进一步了解到客户需要软毛牙刷是因为牙龈肿痛，那我们就能进一步为客户推荐一款消炎止痛的中药牙膏，甚至创造一个新的商品组合装，即一支软毛牙刷和一款与之匹配的消炎止痛的牙膏。

在这个例子中，前者是满足客户的需求，后者是创造新的需求。显然，后者的商品力会大大强于前者。商品力并不局限于此，它还包含商品设计、商品选择、商品定价、类目策略、商品生命周期管理、畅平滞管理、商品渠道管理等。它的核心指向了一项关键能力，即品类规划能力。

但凡涉及规划能力，本质上可以解释为一道数学题，即基于多个约束因子的、以目标为导向的求解能力。品类规划能力即以价格、成本、需求、供应等为约束，以损益或 GMV 为目标的规划求解能力。当然，它表面上是数学题，背后是运营经验的沉淀、管理策略的定义以及相关数据的运营。

谈完了商品力，我们再来讲讲供给力。供给力不仅仅是我们常说的5R，即在正确的时间，将正确的商品以正确的成本和正确的品质送到正确的地点。如果仅仅从这个层面来理解供给力，虽然没有什么不对之处，但实在过于单薄。举个简单的例子，客户需要一瓶桶装水，我们以5R的标准将这瓶水送到了客户的家里，可能是通过最近的水站送上门的，也可能是通过最近的便利店送上门的，还有可能是通过最近的仓库送上门的。

那么，哪一个的供给力最强呢？如果价格一致，其对于客户来说并没有区别。但是站在供应端的角度，却需要考虑更多的因素。最传统的方式是通过水站，这是传统线下渠道的履行方式，打磨了数十年，单纯从卖水的角度来看，5R 已经做到了极致。但是，新零售如果要创造价值，就需要另辟蹊径。在这方面新零售企业已经做了诸多尝试，有兴趣的读者可以进一步了解。

供给力包含很多内容，如计划管理、库存管理、货品管理、网络规划、履约管理等。事实上，商品力和供给力彼此紧密关联，商品力需要供给力来保障，供给力需要商品力来支撑。二者缺一不可。

盈利能力是除了商品力和供给力之外的又一个核心能力，很多人说它是一个自然的结果，商品力强、供给力强，那么盈利能力自然就强，但事实并非如此！在平台的运作中，如果以流量或者 GMV 为目标，会导出完全不一样的商品力和供给力。因此，盈利能力更像是与商品力和供给力在同一层次的过程能力。例如，我们在做品类规划（商品力）和网络规划（供给力）的时候都需要考虑盈利能力，而盈利能力又反过来推动品类规划和网络规划发生改变。

最后我们再回过头来谈谈数据。如前所述，平台不能做数据的搬运工，因为单纯的数据传递并不能产生真正的价值。那么如何通过数据来创造价值呢？其关键在于将数据注入商品力、供给力和盈利能力的三大价值闭环中，通过数据来驱动三大价值闭环的运转。如此一来，数据将发挥惊人的作用。此时的数据已经不能被理解为单纯意义上的数据了，而是驱动价值闭环运转提升的核心引擎。

三、构建平台"链接价值"的能力

供应链管理最忌讳的恐怕就是"站在自己的角度看问题"了。

我们在前文中谈到了新零售供应链的三大价值闭环，即商品力、供给力和盈利能力。这三大价值闭环绝不可能是单一企业所能打造的。原因很简单，供应链之所以被称为链，正是因为它"链接"起了众多的企业，是所有企业共同努力创造的价值闭环。

每家企业都有自己独特的愿景、使命和价值观，都有自己的远期和近期目标，甚至每家企业的每一个部门、每个部门的每一个员工也都有自己的价值诉求、理想、梦想、目标和眼前需要完成的KPI。如何能将这些企业、这些人"链"在一起，是供应链管理需要解决的最核心问题之一。企业经营是理性的，企业管理者也是理性的，如果期盼供应链上的所有企业、所有人都能自主地、自发地为其他企业、其他人考虑，这只能说是天方夜谭。

一方面，企业是逐利的。大部分企业都在为了能够活下来、活得好一点而努力，并没有太多的时间和精力去关心其他企业的生死。另一方面，企业决策者能力是有限的。大部分企业决策者受限于自身的视野或者能力瓶颈，并不能看到整条供应链上发生的事情，更不用说站在整条供应链的角度来谈价值闭环了。

然而，作为"链主"，无论是"商业链主"还是"平台链主"，都不得不思考这个问题，因为它们承担着"链接价值"的职责。

"商业链主"，尤其是成熟的"商业链主"，通常都是在独特链条上深耕多年的品牌商。它们经营和维护着自己的供应链。对它们来说，"链接价值"并不是问题，问题在于如何不断调整"链接"的姿势，来快速适应市场的变化，不断强化和提升"价值"。但是，对于"平台链主"来说，这却是一个全新的课题，是从0到1的思考和布局。其需要从商业模式的顶层设计到供应链的架构以及策略分解进行通盘的考虑。而这一切的开始，是需要从"换个角度看价值"做起的。"平台链主"完成这一课题的突破口正是前面提到的单一企业所面对的两大问题即利益诉求和能力瓶颈。

如何通过顶层设计、洞察企业的"利益诉求"，将众多企业的需求"链接"起来，然后通过规模化的服务突破单一企业或者少数企业所面临的"能力瓶颈"，最终形成完整的价值闭环，实现盈利，这是"平台链主"在架构商业模式和供应链时需要考虑的核心逻辑。因此，洞察企业的"利益诉求"及其所面临的"能力瓶颈"就成了架构这个价值链条的关键能力。

举个简单的例子，中小企业做生意都需要资金，但是融资渠道却少得可怜（"能力瓶颈"），借款利息往往又高不可攀（"利益诉求"）。平台设计了一款供应链金融产品，将中小企业的融资需求"链接"起来，通过规模化的融资获得较低的融资成本，再将资金转借给中小企业。最终平台获得了相应的"利差"，也解决了中小企业的"利益诉求"和"能力瓶颈"，形成了价值闭环。

当然，这只是一个简单的例子，用来说明和解释问题，但假如用来指导实战就过于单薄了！抛开细节不说，在今天这个弱肉强食的商业世界，试图通过单一模式来形成价值闭环的方式几乎是不可能实现的。天下没有这么好做的生意！如果真有，为什么单单只有我们会做呢？很多逻辑上看起来无懈可击的模式，在现实世界却往往不堪一击！那么，供应链管理者应该怎么做？很遗憾，这里没有任何捷径可走！我们需要回归现实，脚踏实地，全面、细致地审视和洞察平台供应链上所有相关方的"利益诉求"和"能力瓶颈"，尽最大努力将这些"利益诉求"都"链接"起来，一个个突破，哪怕看起来是微不足道、细如尘埃的"能力瓶颈"，从而一点一滴地构建起让对手望而却步的竞争壁垒。

这个"链接"的过程通常是极其痛苦的、难度极高的，它涉及组织、系统和文化，涉及资金、计划、交付和物流……涉及供应链上所有的要素和相关方。举个例子，对于供应链平台上的商家，我们往往无区别地对待，很少关注它们是如何运营生意的。事实上，商家各不相同，有的是品牌商，有的是代理商，有的是经销商，它们的能力天差地别，它们之间的组合更是复杂多样。

然而，平台在向商家提要求时，往往采取的是"一刀切"的方式。例如，准交率不高是因为品牌商的"市场分割策略"所致？还是因为代理商周转资金不足所致？或者是经销商拿货能力不足所致？甚至是因为我们无法及时提供促销信息所致？如果没有站在品牌商、代理商或者经销商的角度来洞察这些问题背后的深层次原因，是无法承担"链接价值"的职责的，就更谈不上做"平台链主"了。

因此，供应链管理者需要培养洞察力，即"换个角度看问题"的能力。当然，仅仅洞察是不够的，还需要其跳出这些具体的问题，拔高一个层次来看问题，并提出相应的解决方案。这就需要我们对专业和行业有足够的敬畏之心，具备缜密的思维和架构能力，保持对细节的关注和好奇心，对其他企业、其他部门、其他人给予足够的尊重和理解，始终保持开放的心态。而这一切还需要强有力的组织文化的保障。由此，我们搭建的供应链才能成为一个拥有洞察能力，具备感知、调节能力的强大生命体。

四、打造供应链确定性的五力模型

不确定性是新零售供应链当下面临的最大挑战，它主要体现在需求和供应两端。

需求端的不确定性主要来自客户。一方面，市场上的商品极其丰富，客户的可选择性广泛，客户选择A还是B，极难预测；另一方面，客户的个性化需求暴增，仅仅依靠爆款或者基本款虽然赢得了一时但却无法长久。

供应端的不确定性主要来源于上游的供应商。供应短缺、价格波动、品质差异、送货延迟等各种问题层出不穷，彼此交织在一起，形成了错综复杂的局面，也造成了新零售供应链管理者经常提到的"不确定性"问题。

表面上看，似乎只要一边做好消费者洞察，把预测做准，另一边管好供应商，把交付做好，需求端和供应端的问题就能迎刃而解，不确定性就能得到控制。但实际上问题并没有那么简单，因为我们往往忽略了链主自身所带来的不确定性。无论是"商业链主"，还是"平台链主"，链主自身所带来的不确定性危害往往大过上下游所带来的危害。古语所说的"攘外必先安内"就是这个道理。

众所周知，在供应链上存在所谓的"牛鞭效应"，即需求的不确定性在向上游传递的过程中被不断地放大，最终造成了严重的失真。而链主主要的职责之一就是确保自己成为这个链条上的"定海神针"，通过供应链的运营来削减"牛鞭效应"所带来的危害，这需要链主为此付出巨大的努力，需要有相应的战略、策略以及精益求精的落地执行。因此，担当链主需要拥有超强的能力。

链主是供应链上的"一家之主"。试想，如果一家之主没有威信、没有能力，说话都没有人听，这个家也就缺少了足够的凝聚力。小家尚且如此，供应链更不例外。那么，链主所应具备的能力有哪些呢？

为了打造新零售供应链的确定性，我们需要构建五大能力，即"控商能力""控品能力""控货能力""控网能力"机"控场能力"，这里的"控"指的是掌控。它们是打造新零售供应链确定性的核心能力，本书将其命名为新零售供应链的五力模型，并在下文逐一展开介绍。

先拿"控商能力"来说，如果向供应商下达订单或者补货需求，供应商无法满足或者根本不响应，这背后体现的就是极弱的控商能力。有的人会说，既然供应商不听话，我们可以通过重罚来惩治。这听起来似乎有些道理，但实际执行的时候往往是"强势供应商不敢罚，弱势供应商不经罚"，最后还是落不了地。有的平台选择了弱管控模式，让商家在平台上"自运营"。这种所谓的"纯生态模式"最大的后果就是缺乏计划性，整个供应链乱哄哄一团糟，只有"供应链"却缺乏"供应链管理"。

那么，控商能力如何构建呢？需要建立供应商的管理体系，包含供应商的分层分级管理、供应商的绩效管理、供应商的协同机制、供应商的准入退出等。其中，供应商的定位需要做好，不同的定位决定了不同的策略和管理协同模式，不能一概而论。

再来看"控品能力"。选择什么样的商品，SKU需要多大的宽度，该定什么价格，或者该收取多少佣金？什么是流量品？什么是高毛利品？这些都涉及控品能力。控品能力不强的平台，往往是SKU泛滥的同时商品效能极低。为了提升商品效能，许多平台采用促销方式进行拉动，最后进入了"不促不销、一促才销"的恶性循环。

控品能力的提升需要在以下几个方面下功夫，包含商品企划、品类规划、商品生命周期管理、定价策略、品效管理等。它的核心同样是定位，即平台应该卖什么，不该卖什么，以什么策略来卖。

这里常常有个误区，就是效仿Costco的"窄SKU模式"，采用"少即是多"的原则，严格控制SKU的宽度。商业模式不能以偏概全，"窄SKU模式"能带来管理上的优势，并能精准服务特定客群，但它毕竟只是商业模式的一种，无法放之四海而皆准。并且，Costco商业模式是一套组合拳，是由"窄SKU""低定价""深库存""会员费"等一系列策略组合而成的闭环，缺少了这个闭环中的任何一个环节，Costco的模式就无法成功。

因此，优秀的"控品能力"应该体现在通过商品的分层策略，确定该类商品的宽度以及相应的不同生命周期的效能目标，并围绕不同层次的商品构建生意闭环，最后形成完整的生意模式。

"控货能力"主要体现在计划管理上。计划是供应链协同调度的总指挥，它负责在生产、采购、运配和销售之间做协调匹配，确保以最经济高效的方式来完成供应链的履约交付。计划能力不强的平台，往往库存高企或者缺货严重，就拿快消品来说，动辄三四十天的库存，10%以上甚至20%的缺货率，造成了大量的浪费或者缺货损失。

一个好的计划体系，是建立在稳固的供应链基础之上的。它是5个能力中处于顶层的能力。在其他4个能力不具备的情况下，要想做好计划管理，就如同水中捞月、雾里看花一样不切实际。但假如等到其他4

个能力建立起来后再开始做计划管理就太迟了。计划管理作为总指挥，能够自上而下地发现问题，并推动基础能力不断完善。

"控网能力"指的是对物流网络的控制。物流网络是供应链的基础设施，是新零售供应链的基座。为了使货物在网络中快速地流转、高效地流转，需要对物流网络有足够的控制力。但遗憾的是，今天新零售所面对的物流网络是由割裂的片段拼凑而成的。这里面有上游品牌商的网络、中间经销商的网络、下游末端的网络；有集货仓、区域仓、城市仓、前置仓的仓网络；有干线、落地配、城市配、末端配的配网络。这还只是国内的网络，如果放眼全球网络，则会更加复杂。

在这个庞大复杂的网络下运营，如果没有足够的控制力，就如同走迷宫一样，货物运转到哪里我们不知道，货物什么时候能送达我们不知道，甚至货物发生了破损和丢失我们也不知道。当然，通过数字化、在线化的方式可以提升网络的可视化程度，但仅有可视化是远远不够的，我们还要能够在可视化的基础上构建可运营、可管控的能力。

举个极端的例子，联邦快递擅自将华为的包裹转运到了美国。这个事件告诫我们"物流网络是供应链的命脉，永远不要将命脉的控制权轻易地交给竞争对手"。

"控场能力"是新零售在2B模式下的延展。新零售强调的是"线上线下一体化运作"。门店是传统零售线下运营的最核心的"场"，是零售商接触消费者的前沿阵地。除了线下的门店，线上也同样有"门店"。天猫旗舰店、抖音店、品牌私域店等组成了虚拟化的线上门店。今天，如果要通过线下线上的门店，为客户提供多元化、立体化的服务，同时能够洞察消费者的消费行为，我们需要对各种"场"进行数字化运营，将它们融入端到端的供应链体系中，构造起完整的商业闭环链路。为此，强大的控场能力是不可或缺的一环。

这里需要澄清的是，控场能力不是自己开店，而是通过线上线下结合的运营方式，将一个个独立的门店串联起来，以一体化的方式进行供应链运营，其核心是数字化的运营能力。门店是新零售供应链的"触角"，在这个体系中，单个门店的视角永远是有所偏颇的，无论是直营、加盟还是联营，单点的运营效率永远赶不上全局，只有将多个"触角"

的信息汇总到"大脑"（供应链控制塔），由"大脑"来解决复杂的网络协同问题，由门店来解决快速响应的问题，最终得到的才是全局性的最优解。

由此可见，新零售供应链的 5 个能力包括"控商能力""控品能力""控货能力""控网能力""控场能力"，其中每一个能力都不能单独存在，这是一个完整的端到端能力的闭环，各个能力彼此关联、相互依托。任何一个能力的缺失，都会造成系统链路的不闭环、系统能力的不完整。因此，打造新零售供应链的确定性，不仅需要打穿各个能力，还需要特别关注能力之间的串联响应，在全局视野下构建起完整的供应链竞争优势。

五、供应链确定性的分层治理

在新零售场景下打造供应链确定性的 5 个着力点，分别是"控商能力""控品能力""控货能力""控网能力"以及"控场能力"。这是站在横向端到端的视角，以及业务 CEO 的视角，对打造供应链确定性所需要具备的能力进行了分解阐述。

但是，对于供应链管理者而言，还需要从另一个视角，即纵向视角对供应链的确定性进行分解分层，从而更好地进行供应链的管理和治理。

所谓纵向视角，即将供应链的确定性分解为"架构的确定性""计划的确定性""执行的确定性"以及"数据的确定性"4 个层次。

任何一个完美订单的产生，必然是这 4 个层次通力配合及共同努力的结果；任何一个不完美订单的产生，也必然是某个或某几个层次出了问题。

当然，完美订单只是供应链确定性的一个体现，供应链的确定性还需要为企业的成本、收益、市场、创新、社会责任等多方面提供必要的支撑。

但现实的情况是，一旦供应链出了问题，由于没有明确的分层治理，我们往往厘不清头绪，也搞不清楚究竟是哪里出了问题。

例如，缺货，有可能是预测不准导致的，也有可能是供应商执行不到位导致的，还有可能是库存数据不准导致的，甚至有可能是工厂或仓网布局不合理导致的。这么多的可能性，如果没有明确的分层治理，最后只能是眉毛胡子一把抓，分不清重点。

因此，要管理好供应链，需要清楚地定义和管理好这4个层次，并理解其含义、价值及职责。

（1）架构的确定性。供应链的顶层架构需要明确，它包含供应链的战略模式、网络布局、履行方式、推拉结构、库存分布、协同方式、逆向链路、组织架构等。我们需要从三流集成架构的角度对它们做出明确的定义。

架构的确定性是供应链确定性的前提，它位于供应链确定性的顶层。架构不明确，供应链无论如何都做不好。因为一出发，方向就走错了。CEO及供应链部门的负责人是"架构的确定性"的责任人。

（2）计划的确定性。指的是供应链运营的计划性，主要针对的是长、中、短期计划的运营确定性。

其中，中期计划以季度或月为单位，主要以平衡产销、协同供需为目的；短期计划以周或日为单位，通常覆盖未来数周（取决于产品需求的特点，某些产品甚至会采用小时、分钟等更为细小的时间管理单位），主要以满足客户实际订单需求，并对运行过程进行控制为目标。计划的确定性由供应链部门来承担主要责任，并推动相关部门进行协同与协作。

（3）执行的确定性。再完美的架构、再周密的计划，如果没有强有力的执行，其结果依旧无法保障。

执行的确定性主要依靠人（People）、流程（Process）和系统工具（Tool）三者的紧密配合，我们通常称之为PPT原则。在执行的确定性这个层面，最难管理的是例外情况。为了追求灵活度，往往给人、给流程开个口子，绕过系统进行操作。因此，从执行层面来看，PPT三者中最核心的是系统工具。

好的执行需要尽可能地通过系统化、工具化来保证，尽可能减少"法外流程"，提高流程的运作效率，提高执行的确定性。当然，一套好的执行系统往往是人、流程和系统工具三者通过不断地打磨而得来的，没有任何捷径可以走。任何向例外情况低头，向所谓的"灵活性"低头的结果就是执行的不确定性，是对结果好坏的放任自流。

（4）数据的确定性。这是供应链管理中最容易被忽视的部分。数据是供应链确定性的底层，是整个确定性的基础保障。无论是架构、计划还是执行，都有赖于数据的确定性。

供应链上的一切都是建立在数据基础之上的，这个基础不牢靠，供应链的整个大厦必然不坚固。数据的确定性有3个层次，它包含数据的可视化、数据的准确性、数据的可追溯，三者缺一不可。为了达成供应链数据的确定性，需要在构建供应链体系时对数据进行结构化、模型化处理。这是供应链产品架构师的职责。举个简单的例子，物料主数据应当由哪些要素组成？它与物料编码之间的关系是什么？它是如何被供应链上各个模块所"消费"的？集团公司与分公司在物料主数据上如何实现共享？和供应商之间如何实现互通？这些都是想要达成数据的确定性所需要回答的问题。

供应链之所以复杂，是因为其纵横交错、盘根错节，各种因素交织在一起，我们很难看到问题所在。因此，管理好供应链就好比庖丁解牛，需要剥皮去骨，逐层解析，方能游刃有余。打造供应链的确定性同样如此，有架构的确定性作为顶层，有数据的确定性作为基础，中间有清晰的计划和强有力的执行作为保障，才能给客户和企业打造一个具有高度确定性的供应链。

六、品牌商全渠道变革面对的三座大山

全渠道，即将线上和线下打通，多层次、多维度、多角度地接触客户，为其提供一体化的产品和服务，使其获得良好的客户体验。

"全渠道"这个词从提出来至今已经有些年头了，但依然没有哪个知名品牌商敢拍着胸脯宣称自己已经全面实现了全渠道战略。

在渠道变革的战场上，有死在沙滩上的"前浪"，也有不知深浅被水淹死的"勇士"，更多的人则还在茫茫的大海上潜行，寻找合适的风向；稍微好些的已经登陆了几个小岛，但大陆还依然不知在何方。

全渠道变革难，难就难在面前有三座大山，即商业利益分配机制、供应链协同和信息系统建设。

摆在全渠道变革面前的第一座大山是商业利益分配机制。拿传统渠

道来说，往往是多层分销、层层代理，渠道商为品牌商的成功立下了汗马功劳，有的成了一方诸侯，可以轻轻松松坐享其成；有的还嗷嗷待哺，面对外部市场的变化，不知所措但又不忍退出。传统渠道如此，新零售渠道也类似。线上下单，线下卖场发货，看起来很美好，但是遇到爆款，线下卖场自己都惜售，怎肯为线上导流？遇到退货，线上店铺也不愿承担损失，彼此之间扯皮。可见，利益分配是关键。

再拿导购员来说，如果没有激励，哪怕店面缺货，他也不愿意将顾客引导到别的渠道达成交易，多一事不如少一事。

利益分配的背后，不仅仅是激励的分配，还有货品份额的分配、价格调节权利的分配、销售范围的分配、营销资源的分配、流量的分配。众多的利益纠缠在一起，难解难分，成了渠道变革面前最大的一道关卡。

第二座大山是供应链协同。站在品牌商的角度，如何能够统筹全局，以最优的成本、最好的履约时效、最佳的客户体验，将商品送到最终客户的手中，这中间离不开供应链上下游的高度协同。

但现实情况是，由于渠道内、渠道之间多个角色的存在，线上线下履约方式的差异，物流基础设施的不完善，物流资源控制在不同的企业和人手中，整个供应链的协同变得异常困难。不要说端到端的供应链一体化运作，就连最基本的实现渠道库存的可视化都异常艰难。

供应链协同取决于整条供应链上的一体化架构和设计，是一个由链主主导的、链条上企业配合支持而形成的端到端的完整架构。过去，强势品牌可以通过其推动力，使渠道内的合作伙伴朝着共同的目标而努力，在供应链上形成一定的协同。当然，那个时代的供应链，由于物流基础设施不完善，供应链数字化能力不足，供应链协同水平的突破有比较大的局限性。

今天，虽然物流基础设施已经比较完善，数字科技也日新月异，但新的挑战也出现了。在全渠道供应链上，出现了"商业链主"（知名品牌商）和"平台链主"（大型零售商）的新型博弈。博弈的最好结果是"平台链主"逐步从强势一方转变为以S2B为核心的供应链服务商，以自身积累的供应链能力为"商业链主"提供多重便利服务。

第三座大山是信息系统建设。毫不夸张地说，传统的信息系统无论从功能还是架构角度，已经完全无法适应今天的全渠道形态。今天的全渠道系统需要支持线上线下的一体化运营，需要对资源要素进行标准化定义，从而站在品牌商视角对资源进行合理调度，如会员身份、店铺ID、商品编码、库存分配、仓配线路。这些要素在传统的信息系统里是无法实现的。

全渠道变革过程中，是对原有系统进行改造升级，还是索性搭建新系统，成了品牌商需要面对的问题。全渠道变革由于具有高度的复杂度和不确定性，IT部门和业务部门都很难量化其系统投资的回报率。因此，修修补补的渐进式变革成了常态，谁也不敢担太大的风险，谁也不敢做冒进的选择。这就好比一辆老爷车，内饰外饰都十分靓丽显眼，但发动机和底盘依旧是20世纪的产物。好看是好看，但速度还不及如今一辆普通的轿车。

因此，全渠道变革是妥妥的"一把手"工程。除了"一把手"，根本没有谁有能力推倒这三座大山。如果仅仅因为企业遇到了痛点，碰到了难处就想着变革，这种力量对于越过这3座大山是远远不够的。它的成功需要企业"一把手"的梦想和创业精神驱动。

七、新零售计划体系搭建：线上线下全渠道一盘货统筹

虽然标题中说的是"新零售"，但计划体系搭建的方法却是广泛适用的。总结起来就3句话，用最通俗易懂的方式来阐述，即一手抓需求，一手抓供应，两手一起抓。

这是大原则，大原则对了，努力的方向就不会错。但遗憾的是，我们很多时候在大原则上犯错误，最显而易见的错误就是"两手一起抓"。有多少企业真的能做到"一起抓"呢？往往是需求端做需求端的，供应端做供应端的，两者貌合神离，老死不相往来。

回到新零售的场景下，计划需要解决的是线上线下、全渠道一盘货的统筹管理问题。但实际情况是，很多企业在抓需求的时候，要么忽略了线上，要么忽略了线下，更谈不上在一盘货视角下的计划管理了。如果我们的手都像漏斗一样，对于供应和需求，抓不全、握不牢，这样的计划管理所能发挥的作用也将大打折扣。

当然，计划体系的搭建，仅靠大原则是不够的，就好比搭建房屋，不能只搭了一个框架就完事，还需要砌墙、安装水电、装修等一系列后续工作，最后才能交付使用。接下来，我们就展开来谈一谈。

首先是需求计划，需求计划分为两个层次，分别是需求感知和需求塑造。需求感知即通过捕捉需求相关因子的变化来预判需求的变化，例如天气、促销、经济环境、政策、人口、特殊事件等，其中某个或某几个因子发生了变化，则需求将发生变化。为了感知需求，需要为此建立相关因果模型，通过数据分析来进行预判。

需求塑造，即根据需求感知模型，反向调整需求相关因子来塑造未来需求，促销就是最典型的需求塑造方式。除此以外，还有调整售卖方式、调整售卖地点、转移替换同类SKU等需求塑造模式。需求塑造不仅提前预判了你的动作，甚至能够反过来影响和改变需求。

其次是供应计划，供应计划在不同的行业会有不同的组合和表现形式，通常包括生产计划、物流计划、采购计划，它的核心是对资源的调配和控制。因此，从管理资源的角度来看，也可以将其分为3个层次，即资源可视、资源可联和资源可控。

资源可视，是对各种资源进行要素化、结构化和在线化。要素化和结构化要求将资源尽可能拆解到最小颗粒度。例如，一家企业在全国有30个仓，这些无疑都是资源，但倘若没有进一步对仓资源进行要素化和结构化，企业是无法精确地使用这些资源的。例如，除了仓的面积、高度、内部结构、功能区隔、地理位置、消防等级这些基本信息外，还能对货架空间、储位数量、分拣效率等细颗粒的数据进行要素化处理。这样一来，这个仓库的信息就变得立体了。而在线化的目的就是将这些要素数字化处理并上线，让管理者和使用者可视。

资源可联，是将各种结构化、要素化的资源进行串联，串联的目的是输出价值。以仓为例，它可以将上门揽收和仓资源进行串联，形成一套价值输出方案，也可以将越库调拨和仓资源进行串联，形成另一套价值输出方案。这些不同的串联方式，将供应链上的资源通过各种形式进行组合，输出了不同的价值，形成了不同的供应模式。

资源可控，是对这些串联起来的资源组合或供应模式进行有效的控制和管理。在关键的资源节点上设置控制点，例如，设置数据埋点，随时掌控资源的使用和消耗情况，从而及时进行资源的调度和分配。

最后是供需协同，也就是通常所说的S&OP，或者IBP。有人说计划管理是需求驱动的，有人说是资源驱动的。其实，需求计划和供应计划就好比哪吒的两个风火轮，哪个是驱动轮取决于使用场景。当市场供大于求的时候，以需求驱动为主；当市场供不应求的时候，以资源驱动为主。供应链管理的魅力就在于，不论什么时候，都需要尽可能地确保这二者能够相互匹配，相互协同。

供应链上的计划管理就好比三军统帅，运筹帷幄，令出唯行。因此，做好计划管理，需要具备全局的视角，抓好供需，促进协同，真正做到一手抓需求，一手抓供应，两手一起抓。

八、新零售 C2M：如何变得更快

以消费者为市场主导的时代已经来临，从新零售到新制造，市场的驱动力和驱动方向已经开始逆转，供应链的变革随之而来。过去大批量采购、大批量制造、大批量运输的推式供应链已经无法适应市场的需求，C2M供应链模式呼之欲出。

C2M（Customer to Manufactory，顾客对工厂）是互联网时代的词汇，它的本质是需求驱动的制造模式。通过电子商务平台反向订购，用户订多少，工厂就生产多少，彻底消灭工厂的无效库存。

说起来容易，做起来难。想要实现C2M，核心就在于"快"。但是，单就这个"快"字，在供应链架构上却有着不同的含义和不同的实现方式：一种是强调"快速反应"，另一种则强调"提前预判"。

我们先来谈谈"快速反应"，这是一种以供应链物理结构优化为主要方向的供应链架构方式。当客户需求不明确的时候，供应链基本不做任何实质性的动作；当客户需求明确后，快马加鞭，组织小批量多品种采购、单元式生产、多频次多模式运输。为了快，有时候甚至不计成本。其目的只有一个，缩短供应链链路，压缩从客户下达订单到产品交付到客户手中的整个供应链履行周期，使之短于客户期望的交付周期，从而以最少的库存和最短的时间来实现定制化产品的交付。

　　然而，这种模式的形成往往需要满足几个前提：首先，产品利润足以覆盖为了"快速反应"所付出的额外成本；其次，链主的控制力强，能够驱动上下游实现"快速反应"；最后，供应链现有技术具备驱动"更快"的条件。例如，马车时代需要数周的运输时间，到了航空时代则只需要一天，技术的变革让供应链有了"快"的可能。

　　如果具备了以上几个条件，能够支撑起"快速反应"下的C2M模式。快速反应供应链强调的是"动作快"，注重的是供应链的物理结构优化，通过物理结构优化来缩减链路、减少提前期，它比拼的更像供应链的"硬功夫"。

　　相较而言，另一种方式则更加注重"内功"的修炼，它就是"提前预判"，即"想得快"。同样是比武，我的动作可能没有你快，但是我想在了你的前面，你要做什么动作我都提前预判到了，那么我还是有可能击败你的。这种强调"提前预判"的供应链模式，其核心是"需求管理"。

　　可能很多人会认为"需求管理"就是做预测，但事实并没有那么简单。过去，比较传统的做预测的方法是抓取历史进货、销售、库存等数据，根据这些数据建立基于时间序列的函数模型，并假设未来是对过去的某种程度的重复，最终做出面向未来需求的预测。

　　在供应链复杂性较低，以推为主的供应链环境下，这种预测方式被证明是简单有效的。但是在消费者主导的时代，市场变得复杂多变，供应链需要随需而动，基于时间序列的预测方式越来越无法适应市场的需要。因此，"需求管理"的能力变得更加重要。

　　需求塑造不仅提前预判了你的动作，甚至能够反过来影响和改变需求。

　　事实上，"快速反应"和"提前预判"两者并不矛盾。这就好比许多伟大的运动员，他们不仅动作迅速，思维也很敏捷。两者结合，威力无穷。

　　新零售下的C2M，需要的恰恰就是这两种能力的结合。一方面，通过供应链的结构优化来提升"快速反应"能力，强健机体；另一方面，通过供应链的数字化来提升"需求管理"能力，增强脑力。一推一拉，一体一脑，以最低的成本来快速满足客户需求，方显供应链架构之魅力。

九、"降维"和"升维"：打造柔性供应链的"云架构"

随着大数据时代的来临，传统的信息系统架构已无法满足数据的指数级增长。今天，仅阿里巴巴或谷歌一天的数据量就有可能超过人类文明数千年所创造的全部文字作品的数据量。从 GB（千兆）、TB（太字节），到 PB（拍字节）、EB（艾字节），甚至是 ZB（泽字节），过去集中式的数据计算和存储模式早已过时，取而代之的是大数据时代的"云平台架构"。

与之相似的是，随着定制化时代的来临，传统的供应链架构也远远无法满足个性化需求的爆炸式增长。今天，多样化的产品和服务使顾客眼花缭乱的同时，也使供应链上的企业不知所措，迷失了方向。过去仅仅依靠单一品种、单一策略的运营方式越来越缺乏竞争力，取而代之的将是属于这个时代的"柔性供应链架构"。

作为同一个时代的产物，"IT云平台架构"和"柔性供应链架构"有着惊人的相似性。例如，一个优良的"IT云平台架构"应达到以下几个要求：运算速度快、能处理巨幅波动的数据量、容错与恢复能力强、成本与效率兼顾。这与"柔性供应链架构"的目标基本一致，即反应速度快、能处理巨幅波动的需求、风险与控制能力强、成本与效率兼顾。

系统架构作为一门有趣的学科，无论是 IT 架构，还是供应链架构，甚至建筑的架构，从原理上看，可谓异曲同工。例如，都强调布局合理、基础牢靠、人性化等。因此，从事各种门类的架构师，都可以通过其他领域的成熟架构理论来丰富和完善自己所在行业的架构方法。而供应链架构师不妨暂且跳出自己行业固有的传统思维，参考一下 IT 系统的云架构模式，从而进一步探讨和研究柔性供应链的"云架构"模式。

优良的"IT云平台架构"是如何实现的呢？总体来说，它遵循以下规律：分布与集中、兼容与扩展、并行和一致、反馈与容错。我们先来探讨"云平台"的分布式架构对柔性供应链的启示。

为了尽可能又快又多地处理数据，云平台采用了所谓的分布式系统架构，即将过去集中存储和处理的数据打散后在多台设备组成的多个机群上进行并行存储和处理。这个打散和归并的过程采用的是 MapReduce

的逻辑框架，即将数据进行"分解映射"（map）后再进行"归约合并"。

举个简单的例子，当我们制作各种不同口味的水果沙拉时，第一步我们会将苹果、梨、香蕉、菠萝等各种水果切成片，这个过程就是所谓的"分解映射"；第二步是根据不同客人的需要，将前述切片组合成种类繁多、口味丰富的水果拼盘，这个过程就是所谓的"归约合并"。分布式系统架构将两者分开，由云端不同的节点来完成，极大地降低了任务的复杂程度，同时大幅提高了任务处理的效率。

那么，这对搭建柔性供应链有什么启示呢？柔性供应链为了兼顾"定制"和"效率"，往往需要实现所谓的"大规模定制"，既能够处理海量订单，也能够对每一笔订单实现定制化。这给传统供应链模式带来了巨大的挑战。传统供应链采用的大批量采购、大批量生产、大批量流转的模式显然无法满足定制化的要求。为了实现定制化，又不丢失效率，我们模仿MapReduce框架对供应链进行如下改造。

首先是"分解降维"，将复杂的需求逐层进行分解，直到分解成一个个可以标准化的零部件或者标准化的工作流程；然后是"合并升维"，根据用户的需求选择不同的标准化零部件或者标准化的工作流程进行合并，以满足多样化的定制需求。

许多实现了大规模定制的企业都有意无意地采用了这一思考方式。以红领西服（以下简称"红领"）为例，红领是一家擅长大规模西服定制的企业，随着"互联网＋"的兴起，其独特的产品和经营方式在业界掀起了一场"定制化风暴"。

过去，顾客要定制一套西服可能需要找到一位心仪的裁缝师傅为自己量身定做，手工量体，手工打版，用廉价衣料手工制作毛坯，顾客试穿后会反复修改。这种定制流程的周期相当长，一般需要3~6个月才能收到成衣，而且价格高昂。

红领的颠覆性在于其不仅能够在一分钟内实现"一人一版，一衣一款"，同时在流水线上也实现了大规模的工业化生产。无论来自哪个国家的订单，从量体、排程、定制、生产到出厂，全过程交付时间只需要7个工作日，产量可提升至每天1500套，成本仅为非定制西装的1.1倍。

那么，红领是如何实现这一定制化过程的工业化再造的呢？我们知道，优秀的裁缝师傅都有一套多年累积下来的量体裁衣的方法。这套方法全凭经验，很难复制，更无法实现工业化。红领曾经聘请过一位有40多年量体经验的老师傅，但三个月的集训后，学生们依旧不会量体。这让红领集团的董事长张代理大伤脑筋。经过长时间的摸索和思考，他认为必须开发一套可以产业化的量体方法。这套方法必须足够简单，并且能够标准化，即使"小白"也能快速学会。

这就是红领具有自主知识产权的"三点一线量体法"，又叫"量不错的方法"。它将复杂的人体身材数据分解为18个部位的22个数据，然后通过一把尺子和一个专用的肩斜测量仪来进行测量。这个过程即通过"分解降维"来实现简单化和标准化的过程。但是，仅仅分解是不够的，还需要能够通过"合并升维"来实现定制化的过程。我们再来看看张代理是如何实现这一步的。

红领基于其过去十多年来所积累的超过200万名顾客的定制化的版型数据，开发出了个性化定制平台——RCMTM，并通过数据建模，建立起了人体尺寸与西服版式形状之间的关联数据库。设计师只需要将第一步"三点一线量体法"所测量出来的22个数据输入RCMTM系统，就可以快速组合并检索到相匹配的西服版式。

不仅如此，这种类似于MapReduce"降维"与"升维"的逻辑框架也被运用到了红领的生产制造过程中。它首先将西服的工艺流程拆解为生产线工人能够看懂并可执行的一个个细小的简单的标准化流程，然后再通过流水组合作业进行复杂度升维，实现了大规模的定制化生产。

事实上，Map Reduce只是"IT云平台架构"中的一个极小的概念点，当我们稍微转换思路，将这个概念点运用到"柔性供应链架构"中时，却在这个完全不同的领域中延伸出了新的应用价值。限于篇幅，我们仅就这个点抛砖引玉。古人云："他山之石，可以攻玉。"希望在未来的时间里，我们能够以跨界思维开拓和发掘各个领域的精粹，并将其运用到供应链管理中来，发挥更大的价值。

第五章 大数据赋能供应链管理

第一节 大数据为供应链管理赋能思路及PDCA四步法

一、精益和六西格玛管理过程数据与供应链数据的结合

企业在推动精益和六西格玛项目时，有一个奇怪的现象就是各部门KPI业绩都很好，但企业的业绩却不好，比如库存高、净利润低。以供应链为例，要改变这种情况，结合大数据，审查业绩考核的基础、目的、方式是否科学客观，考核是否增加了企业竞争力，考核的结果可否有效地转化为改善行动等。

（一）各视角的问题点分析

1.精益角度的审查

没有从价值流的角度进行端到端的流程梳理和考核，只是"铁路警察各管一段"。甚至企业在实施ERP、MES、SRM、WMS、OA等系统时，缺乏需求模式分析、流程梳理、模拟和优化等就仓促上马。殊不知，标准的软件系统是不可能解决所有企业的个性化问题的。由于缺乏必要的整体布局和各个系统之间的协同，有时不但没有提升企业的信息化和数字化管理水平，还造成了众多的信息孤岛和更多的沟通障碍。同时，很多企业注重数据的收集，而缺乏数据的分析能力，更没有从深层次挖掘分析数据背后的价值与规律，因此也就无法有针对性地进行改善。

2.六西格玛角度的审查

大多数企业分析经营数据时，都倾向于用目标数值衡量，如产品合格率是99%，供应商的准时交付率是98%等。虽然这是在用数据说话，但还不够深入，容易造成大量的数据细分颗粒度缺失。例如，不及时的交货率（2%）是供应商A造成，那是延迟了1天、延迟了10天还是提早了5天？表面上看，汇总的结果数据中所占的比重相同，但是对企业经营的影响却千差万别，对后期改善的努力程度的要求更会有差别。

很多供应链管理者缺少必要的统计学知识，头痛医头脚痛医脚，不会从系统和流程的层面深入思考，疏于对原因和结果映射数据的收集、整理、挖掘和分析。影响供应商绩效的肯定不是绩效本身，而可能是计划排产方式、产能利用率、质量水平、人员稳定性等。要从不同维度和层次收集数据、找到规律并建立模型进行因素分析，绩效才会真正提升。

3.供应链管理角度的审查

供应链是物流、资金流和信息流的集合，是覆盖从产品（或服务）设计、原材料采购、制造、包装到交付至客户的全过程。供应链管理是基于客户需求，以最小的成本对供应商、制造商、分销商、零售商、最终用户的整体管理。在VUCA年代，快速应对客户多变的需求、快速设计、快速上市、试产和量产、快速提升产能并降低库存等，都给供应链管理带来了巨大的挑战。而只有利用大数据，才能快速识别内外部客户的需求，推动流程持续优化甚至再造，从而快速实施改善方案。

（二）把精益和六西格玛管理过程数据与供应链数据有效结合

1.区分目的和手段，切勿本末倒置

精益和六西格玛是为供应链服务的工具，而供应链能为客户创造价值，实现结合的最终目的是降本增效、提升供应链的质量水平、快速响应内外部客户需求的变化等。

2.摒弃系统模块，共建数据平台

实现数据的结合是通过将不同系统、维度的数据整合在一起，全方位监控供应链运行状况，通过大数据平台驱动整体协同，而不仅仅是职能、区域的改善和优化。

3.精益和六西格玛为大数据赋能

精益和六西格玛作为基于流程的改善方法论,其核心工具可有效地运用到大数据的场景中,让大数据不再是数据科学家的专利,能够真正为供应链绩效提升服务。

4.大数据要为客户和企业提供增值服务

如果大数据不能为客户和企业带来价值,这样的大数据就没有意义了。在实施大数据战略的过程中,应努力把大数据带来的价值可视化,取得客户和企业的认同,形成良性循环。

二、供应链管理的各类价值数据

美国前海军陆战队司令巴罗将军曾说:"业余选手满脑都是战术云云,而专业人士则对后勤殚精竭虑。"该论断与《孙子兵法》把后勤作为战争取胜关键的论述如出一辙。同理,作为汉初三杰之一的萧何,也是因为后勤保障工作的高效,被"老板"刘邦称为头号"功臣"。

巴罗将军的名言,笔者认为同样适用于供应链管理。如果把供应链管理比作战争,而大数据就是决定供应链管理这个战争胜利的后勤保障。

供应链管理需要定义各种指标、收集和分析各种数据、找出差距并制订行动计划。供应链数据分析的目的,是为了提升绩效,为客户、股东和员工创造更多的价值。

(1)在客户眼里,主要看是否增值。增值的标准是客户愿意付费。企业有没有第一次就做对很重要,如生产过程是否有效且准确地改变了物料的物理形态。

(2)在股东眼里,主要看是否必要和高效。员工培训、合规性、风险管控等不一定增值,但非常必要,是否成本最低、周转最快、最大的投资回报是衡量高效与否的要素。

(3)在员工眼里,主要看能否满足需要。企业要先满足员工的需要,才能满足客户的需要,而在满足客户的需要之后,才能满足股东的需要。在供应链的管理过程中,有价值的大数据可分为以下几种类型。

1.商业数据

商业数据主要由市场供需关系以及竞争关系决定。仅以最常见的采购价格为例，对供应链管理有价值的商业数据包括但不限于如下内容。

（1）现有供应商的报价数据、交易价格数据、历史变动数据。

（2）供应商竞争对手的价格（同质品市场价格）数据。

（3）替代品的市场价格数据和供应渠道数据。

（4）各类代理商和分销商的同质品和替代品价格数据。

（5）所采购产品的原材料市场行情数据、重大生产工艺更新和生产效率数据。

（6）应该成本数据（Should Cost，企业自身对所购买产品成本的分析数据）。

（7）物料清单中的零部件市场价格数据和组件市场价格数据。

（8）所有可能的外购和自制成本比较数据。

（9）本企业的原材料、人工、制造、管理、销售、研发的成本数据等。

这些都是涉及"采购价格"的商业数据，对这些数据可通过各类比较分析，并根据供需变化，做出相应的决策，从而实时、精确地满足企业自身的供应链战略需求。

2.交易和流程数据

很多企业已经实现了业务流程电子化，所有的交易和业务过程可以数字化存储，这让深入分析数据成为可能。人可能会有立场和偏见，但数据永远不会。假如企业需要提高对客户的交付绩效，可从系统中直接下载交易流程的数据，基于价值流图VSM，分析在以往交付过程中的每个环节所花的时间及波动，精准地找到问题点，就能有效地改善。

3.企业经营数据

经营数据对供应链管理的价值取决于和供应链战略目标的关联程度，如工厂的能耗数据、设备维修数据、备品备件数据、客户订单和预测数据、财务成本数据等，这些都对供应链管理提升有重大意义。

4.其他可得的数据

根据企业自身情况和供应链的战略需求，还可以充分利用其他有价值数据，如客户方面的客户数据（包括产品和行业等）、供应商方面的供应商数据、市场上较为成熟的知名品牌的电商数据、各类专业的行业报告数据、协会调研数据、相关行业的动态数据、国际贸易数据、各国进出口关税数据等。

三、供应链管理问题解决的数据思维模型

（一）供应链管理的变化趋势

近年来，随着供应链管理水平的进步以及 IT 和大数据技术的普及运用，供应链管理的实践已经发生了一些显著的变化。

1.从线下到线上的趋势

很多供应链活动从线下移到了线上。在前端的供应制造环节，逐步向电子化转变，例如，供需双方的 EDI 系统，取代了以前的打印、签字、传真或邮件、签字盖章、回传等环节，不仅降低了成本，还提高了效率，数据的闭环也形成了。

2.点对点沟通向多点的网状沟通

供需双方由原来的销售对采购的单线沟通，变为相关的职能部门高效对接。为了实现快速设计、试制、量产，通过 ESI（供应商早期参与）可大大提高效率。同样，计划人员可以通过数据平台直接实时看到客户的销售和库存状况，并迅速调整计划，满足客户不断变化的需求。

3.供应链的数据更加开放

在供应链上的不同企业都在"链主"的带动下向不同的合作伙伴开放了大量的数据，供应链管理者则可以利用大数据技术进行整理、深入分析挖掘数据，形成洞见，为整个供应链的绩效改善服务。

（二）供应链问题解决的思维模型

结合供应链管理和精益、六西格玛管理工具，现提出以下解决问题的步骤。

1.定义问题

定义问题就是要搞清楚客户和管理者的期望，清楚了解现状和待改善的问题。问题的明确定义，也是衡量的标准，是评价供应链管理行动和改善绩效的参照。

2.分析原因

通过数据分析，对供应链的流程和运营因素查找。例如，对客户交

付不及时，原因是计划差、供应商制造时间长，还是企业自身审批时间长、制造时间过长、返工时间长等。

3.改善对策和实施

大数据分析出问题点并按照优先顺序制定相应改善对策；实施以后，再用大数据分析改善实施的效果。通过"场景还原"做比较分析。

4.持续改善：形成组织的数据素养和良性循环

通过项目的实施，有效地解决业务用户的痛点和难点，逐步形成组织内部的数据生态，让更多的人喜欢上大数据，由对人的信任逐步转换到对数据的信任，从而形成良性循环。

按照"定义问题—分析原因—改善对策和实施—关系挖掘—持续改善—规律探索—改善方案"的步骤，依托大数据和大数据分析，赋能包括连通供应商、本企业和客户在内的全流程供应链运营。

四、步骤一：干系人需求识别分析与定义

进行干系人需求识别分析与定义，是企业实施大数据赋能供应链管理的第一步，即PDCA的定义环节。具体细分步骤如下。

（一）识别供应链管理中关键干系人：需求方-采购方-供应商

干系人（Stakeholder）也称作"相关方"或者"利益相关者"。供应链管理中的干系人是指能够影响供应链管理决策、活动或结果的个人或组织，以及受到这些影响的个人或组织。供应链管理的成败与否在很大程度上取决于干系人的需求是否被满足。

1.供应链管理过程中干系人识别的常见问题举例

（1）在产品研发阶段，研发人员没有了解产品的应用场景和客户的真实需求，导致产品没有客户愿意购买；没有充分考虑供应链技术水平、生产能力而造成无法供货的局面。

（2）在处理质量问题的过程中，大家会错误地认为这是质量部门的事情或是供应商的事情，从而导致同一质量问题重复发生。

2.供应链管理过程中干系人识别时要考虑的维度和要素

（1）参与供应链流程的人，如采购员、质量工程师等。

（2）批准供应链流程的人，如采购经理、质量经理等。

（3）受供应链流程影响的人，如供应商、财务人员等。

（4）制定和解释规则的人，如培训管理人员等。

（5）对项目成本进行核算的人，如财务核算专员、管理人员等。

（二）大数据供应链干系人需求挖掘方法

在企业里，每个人都在服务于不同的客户，除了企业的客户外，还包括为管理我们的上游客户和服务接受者的下游客户提供服务。

1.对"上游—主体—下游"分析

尽全力满足不同客户的不同需求，才能让自身增值，让客户满意。在供应链管理过程中，首先要挖掘与整理下游客户需求，真正做到企业所提供的，正是下游的客户所需要的。同时，还要把下游客户的需求，结合主体（自身企业）的需求，及时反馈到上游的供应商。按照供应链"上游—主体—下游"需求挖，分析优化并涵盖如下几个维度。

（1）主体应如何向下游客户进行需求调查。

（2）下游客户是否已经把需求表达清楚。

（3）主体的交付是否满足了下游客户的要求。

（4）下游客户是否及时向主体进行反馈。

以上维度同样适合主体和上游（供应商）之间，不再赘述。

2.对客户的需求进行分类

不同的客户的立场、部门、职务的不同，可造成对需求态度的不同，以好恶和表达清晰与否为维度，可以将客户划分成4个象限。有的人厌恶且拒绝或忽略表达，有的人喜欢但无法清晰表达，有的人既喜欢也能清晰表达。在需求识别中，一定要注意可能发生的问题和偏差。

（1）洞察基本需求。基本需求包括数据真实性、交付产品的安全性等。在挖掘需求时，不能因为是基本需求而忽略表达，从而导致上下游之间的误解，为以后的协作埋下隐患。

（2）合理线性需求。客户希望处理速度和交付越快越好，但也要通过具体的标准表达出来。

（3）魅力需求。就是超出客户期望的交付，例如，用大数据分析供应链运营，它不仅能提供绩效结果，还能进行深度的原因挖掘和分析，并能提供建议的行动方案等。不同的阶段，对不同的客户的满足程度不同，还可以相互转化。

（三）识别供应链干系人的需求

1.需求方与采购方的博弈与大数据需求

供应链的需求方既包括企业内部客户（生产、运营、市场、业务等部门），也包括外部客户（上游客户甚至终端客户）。

（1）需求方对采购方的博弈诉求包括保质保量、及时交付、较低库存等，也可能会有质量过剩需求、个性化需求等。

（2）采购方对需求方的博弈诉求包括交付提前期充裕、需求稳定、少品种大批量、高效的计划和预测数据的协同等。

（3）需求方和采购方博弈下的协同点包括持续运营、标准化需求满足、消除信息壁垒、协同降本和降低库存等。

（4）需求方和采购方的共同诉求转换为对大数据的需求，具体如下。

①通过提升计划职能，优化计划需求的数据格式和数据本身。

②基于历史交易数据的需求预测。

③实现双方大数据的协同，有效地链接数据系统。

2.采购方与供应商的博弈与大数据需求

供应商是向采购方提供产品或服务的合作伙伴，是提升企业竞争优势的重要外部资源。

（1）供应商对采购方的博弈诉求包括需求稳定、标准化程度高、批量大、良好的合作关系、较高的利润率等。

（2）采购方对供应商的博弈诉求包括按时供应、保质保量、降低价格、降低库存和供应风险等。

（3）采购方和供应商博弈下的协同点包括供应商早期参与、协同降本、发展合作关系、消除信息壁垒等。

（4）采购方和供应商的共同诉求转换为对大数据的需求，具体如下。

①双方数据对接，如协同对产品规格和物料清单（BOM）等数据的整合与优化。

②市场行情、库存数据、生产制造过程数据的共享。

③加强需求预测，协同降低供应链风险。

（四）基于需求协同一体化的供应链干系人大数据需求矩阵

采购方作为供应链大数据协同中心，既要管理好需求方的需求源头，又要调控好供应商的供应源头，在物流、信息流、资金流的管控和整合过程中，务必消除数据的滞后性、差错和失真，确保信息和数据及时且对称、畅通且高效。

应该以大数据协同和信息流为核心，整合物流、资金流和供需一体化。需求方、采购方、供应商的基于业务整合需求的大数据需求矩阵。

五、步骤二：指标确定、数据收集与清洗、初步分析（D）

（一）指标的确定

为了供需精准对接和企业内外部的协同，在做大数据收集之前，需要确定指标。供应链的指标包括先行指标、过程指标、结果指标、协同指标等。

1.先行指标

（1）预算指标包括如年度、季度、月度支出预算金额，以及拆分到每个工厂及业务单位的金额等。

（2）计划指标包括如供应链降本计划指标、国内物流和国际物流的降本计划指标、年度采购降本具体的比例和金额，以及精确到每个品类的降本计划指标等。

2.过程指标

（1）采购过程指标包括采购相应需求时间、供应商开发时效、供应商交付时间、交货质量合格指标、批次数量、阶梯价格等。

（2）物流过程指标包括物流供应商增减数量、各类运输方式（海运、空运、陆运）时间、货物保险及赔偿、物流成本变动等。

（3）运营过程指标包括安全库存变动数量和比率、实时缺货数量和时间、机器的维保和服务供应的成本与及时性等。

3.结果指标

（1）降本结果指标包括采购降本达成率、物流降本达成率等。

（2）节点存量指标包括年度、季度 AVL（批准的供应商）数量，年度、月度的库存盘点数量和金额，平均库存周转天数等。

（3）其他KPI指标包括年度合同完整签署率、呆滞库存数量和金额、机器维修保养及时率、应付账款的付款及时率等。

4.协同指标

（1）客户满意度指标，涉及供应链部门和计划、市场、业务部门的共同指标。

（2）进料合格率指标，涉及供应链部门与生产、质量等部门的共同指标。

（二）数据的收集和清洗

1.数据的收集

（1）ERP的数据包括采购订单数据、采购入库数据、实时库存数据、供应商主数据、价格主数据、实际交货期数据、付款数据等。

（2）MRP数据包括主生产计划数据、BOM数据等。

（3）公司内各系统数据包括WMS数据、CRM数据、SRM数据、MES数据等。

（4）其他外部数据包括市场行情价格走势数据、物流成本走势数据等。

2.数据的清洗

数据清洗包括将数据导入处理工具和查验数据等手段，通常包括如下几个阶段。

（1）非需要数据字段的删除。

根据实际需要，删除不必要的字段，既节约存储资源，也为数据分析带来便利。

（2）缺失值的清洗（Null值）。

统计出所有字段的数据缺失情况，然后按照重要性和缺失率两个维度做如下分析。

①数据重要且缺失率高。使用其他数据源补全或通过计算填入，一般不删除。

②数据重要但缺失率低。通过计算填充或通过经验值填写。

③数据次要但缺失率高。去除字段。

④数据次要且缺失率低。适当填写或维持现状。

（3）格式内容清洗。

①同一字段的数据的不一致。例如，时间日期数据，有的显示"20201231"；有的显示"Dec31，2020"；有的显示"2020年12月31日"等。

②数字型、文本型数据的不一致。假如定义了付款周期的字段是数字型，如"45"（单位默认是日），则实际的记录数据不能填"发票日月结45天"等文本字样。

③空格和简称等导致的数据不一致。例比，如供应商名字之间有一个空格，或者有的写全称"大牛有限公司"而有的只写"大牛"，实际数据分析时，系统会认为是不同的供应商。

（4）逻辑错误清洗。

①去除重复值清洗。例如，两条或两条以上的数据，但其本质仅为一条数据的情形。

②数据矛盾。例如，SKU的标准成本不能是0，否则在统计降本比例时，会与"分母不能为0"的基本数学逻辑相矛盾。

（5）关联性和业务经验验证。

①代码和名称的谬误。例如，出现不同的供应商的代码是一样的。

②"多对一"和"一对多"的问题。例如，不同的规格却对应同一SKU号码。因不同规格（桌子和椅子）价格不同，若计算降本，结果要么虚假成本降低，要么虚假成本升高。

数据清洗在整个数据分析和挖掘过程中的价值最小，但往往占据过多时间。数据清洗的实际现状与理想之间存在落差。

（三）初步分析和追踪

1.数据与经验值的比较

数据清洗完成后，可以适当地使用手工的方式做如下初步判断。

（1）简单的排序和查询是否有"超级异常值"。这类指标通常是由元数据（描述数据的数据）导致的，如原始表格中最后一条"总计"（总订单金额），如果该条数据在导入清洗系统的过程中没有被排除，则会出现一个"超级异常值"。

（2）与历史和经验数据的大概比较。如果一些结果数值明显与历数据差异较大，或明显超出了业务的可能性，如支出数据翻倍、降本比例锐减等，可能是由于元数据批量错误导致。

2.基本指标值和绩效值的预判

对清洗后的数据，有一些不需要通过数据分析就可初步判断的情形。

（1）AVL是否过多？可以通过"算术平均数"（平均每个供应商交易额）判断。

（2）库存数量是否过多？可以从期初库存与期末库存比较判断。

（3）物流成本是否过高？可以通过各个工厂之间的横比，如工厂B的营业额只有工厂A的一半，但是该时段的物流成本却比A高30%。

六、步骤三：偏差分析与绩效评估（C）

偏差分析是一种常用的管理工具和数据分析方法。行动结果和管理目标的差距就是偏差。管理者可根据偏差大小衡量绩效达成情况，并分析引起偏差的主要原因，然后采取相应的措施并优化相应的绩效指标。

任何目标都要服务于组织发展战略，供应链的目标一定要服务于组织战略目标。供应链管理中，典型业绩指标有两类，即水平指标和垂直指标。

水平指标是站在价值链的角度评估客户的需求是否被满足，是以什么样的方式被满足的。例如，通过向客户提供的产品的质量、成本、及时交付等数据指标体现。

垂直指标是指管理者从管控的角度来评估员工的工作量、努力程度以及资源的利用程度等，如处理订单数量、供应商开发数量、最佳实践项目数量等。

首先，在形成具体的绩效指标之前，需要考虑以下3个因素。

①想做的：企业的战略方向及组织发展目标。

②该做的：通过偏差分析和商业论证确定，只有完成了这些该做的事情，战略目标才能实现。

③能做的：根据组织自身能力、发展潜力、资源情况等综合评估的目标。

其次，要根据"SMART"原则来定义目标。

①S：Specific，目标必须是明确具体的，而不是含糊不清的。

②M：Measurable，目标必须是可以衡量的，否则就不能管理和改善。

③A：Attainable，目标是可以通过努力实现的。

④R：Relevant，目标必须要和组织的战略目标有相关性。

⑤T：Time-Based，目标必须要有明确的时间期限。

定义目标之后，启动战略部署，利用资源去完成目标，并在每个时间段和节点做持续检讨偏差并及时改善。为了确保偏差评估的有效性，供应链的管理者要做好以下数据相关事宜。

（一）数据的真实性

应该让用数据说话逐步成为共识。当数据不真实的时候，数据比谎言更具有欺骗性。作为善用大数据的供应链管理者，看到任何数据后，要多追问几个问题，例如数据来源是什么？分析的结果有多大可信度？

（二）数据的准确性

数据准确性涉及数据的定义、测量手段、处理过程、数据质量等。

例如，供应链管理者为了考核评估供应商的交付水平而统计OTD（准时交付率），如果未对OTD做明确的定义，就会导致数据不准确，下面就是基本的衍生问题。

（1）准时交付标准是什么？晚交付半天或早交付1天算不算准时交付？

（2）交付的标准是什么？例如，DDP明确规定卖方交货到客户工厂仓库就算交付完成。但有时仓储人员太忙，未能及时在ERP系统中做收货，这本来不是供应商责任，但数据层面却是以ERP收货入账才算交货完成，有的甚至规定IQC检验合格后才能入账。这些作业时间的偏差就会导致计算供应商OTD原数据的不准确。

（3）除了货物交付，如果供应商没有及时提供相关文件，算不算准时交付？例如，缺少材质证明、质检报告、送货单，甚至仅仅是标签上缺少订单号等。

供应链管理者更要注意澄清和验证数据指标的定义、数据获取与处理方法，确保各方是在对数据和指标完全相同理解的前提下进行沟通。

（三）数据的波动性和相对稳定性

供应链管理者要充分理解、评估业绩数据波动大小，并区分哪些是正常波动，哪些是异常波动。注意，如果盲目地快速采取措施，就容易过度控制，造成更大的波动。

在定义目标和收集相应的数据之后，就需要评估绩效、找出偏差、识别原因并进行改善。进行绩效评估，通常可以从以下几个维度展开。

（1）和既定的目标比。既要比较绩效和目标的差异，也要比较当初假设条件和实际发生的情况的差异。如果条件发生了较大变化，甚至是有重大的背离，就不能简单归结为执行力问题。

（2）和以往的数据比。看绩效指标的发展趋势，是变大，变小，还是没变化？团队期望的指标变化趋势如何。

（3）和竞争对手比。企业竞争力不一定体现在自身有多优秀上，而是取决于企业比竞争对手强多少。同理，供应链竞争力不是策划执行出来的，而是和竞争对手比较出来的，是相对的。

七、步骤四：基于数据生态链的流程再造与管理协同（A）

（一）数据生态链的打造

1.打造企业大数据生态链的铁三角

在企业内打造数据生态，首先要形成供应链大数据"铁三角"合力，即对 BI 和大数据的认同与理解，共同的愿景、目标；消除数据孤岛及数据源标准化；全员大数据生态的承诺与一致性。

2.全员参与的企业数字驱动文化

跨部门之间可开展活动和会议，通过群策群力打造全员参与的企业数字驱动文化，也可增加相关干系人的协同和支持。

（二）基于供应链大数据的流程再造和管理协同

1.破除过多的手工作业，打造流程电子化和自动化

虽然企业内部实施了各种系统，如 ERP、MRP、SRM、OA 等，但是很多企业系统之间的协同和潜在优势并没有完全发挥出来。仅以最基本的采购日常作业为例，由于财务部门的信息孤岛和设置的"付款关卡"，

从 PR（采购申请）的开立、批准，到 PO（采购订单）的开立、批准，OA 自动发送 PO 给供应商、供应商开发票、采购付款申请、财务部实际付款等环节，仅内部作业流程就需要 10 余天。

经过"采购 E 化"项目的实行，所有的流程都可以无纸化完成，并通过系统完成数据核对检验，最终财务部就可以执行付款作业。除了节约了大量的人力工作外，内部全流程从 10 余天缩减为 3 天，且所有的工作流程都可以在系统中追踪，实现了数据的流程逻辑闭环。

2.打造供应链和干系人的全员大数据素养，推动管理协同

企业的管理生态系统，离不开人、职能、流程和技术。通常这四者的协同有一定的偏差和缝隙。通过构造企业大数据，能把这四者有效地结合起来。数据处在四者之间的核心，起到了纽带和桥梁作用。

大数据素养包括数据意识、数据敏感性、数据获取和处理能力、创新决策能力和批判性思维等。只有当企业内部形成了良好的大数据素养之后，各种壁垒才能被打破，各管理职能才能实现端到端的高效协同，大数据才会真正成为企业的资产和生产要素，提升企业竞争力并支持企业战略的实施。

第二节　基于数据分析的流程优化与流程再造

一、供应链流程细节分析

（一）供应链流程问题昨日再现，到底是减负还是增负

某集团供应链副总裁主导并实施一份业务流程和签署层级表，目的是给各个工厂及部门减负。如采购计划的审批流程、采购合同的审批流程、采购订单的审批流程、发票入账的审批流程、采购付款的审批流程等。每条流程从申请人开始，到最终审批通过，总计 5～10 个审批节点。实施后，不仅没有减负，反而增加了许多条条框框，导致许多怨声载道。

流程是企业标准化、规范化管理的工具，但要以增值为目的。下面仅以最常见的财务报销审批流程为例，不增值流程会对公司产生如下

浪费。

（1）财务人员对收到的单据进行审核的时间成本，尤其是大量的手工单据。

（2）申请人员为了让报销通过审批而不停地"跑流程""讲故事"的时间成本。

（3）各个层级签批单据的时间成本，包括对细节信息的查阅和咨询等。

（4）重复冗余流程增加的沟通成本和机会成本，促使组织进一步僵化。

每个人都在抱怨流程僵化，似乎都是受害者，甚至连工厂总经理也在诉苦：每天8小时工作时间，4个小时开会，其余时间就要签署这桌子上多达百份的单据了。至于这些单据里面，有哪些是不合理的甚至是错误的，只有事后出了问题才知道了。为了便于高管签署文件，集团的IT为公司上了一套OA系统，每年花费40万人民币，但仅仅是把办公室中签署的单据搬到手机的APP上，正所谓"换汤不换药"，根本问题并没有得到解决。

（二）供应链流程成熟度模型与流程设计

（1）供应链流程的战略顶层设计。

①计划包括需求与供应计划、产品计划、自制或外购计划、预算等。

②采购包括战略采购、供应商绩效管理等。

③生产包括采用生产效率、质量水平、设备稼动率等评估生产与运营能力。

④交付包括订单管理、仓储管理、运输管理、报关管理等。

⑤退返包括建立逆向物流的机制。

⑥赋能工具包括信息技术系统（如ERP）、供应链大数据平台、供应链控制塔等。

（2）供应链流程的战术执行层设计包括如供应商开发流程、询价与招标流程、产品规格变更流程等执行层的流程。

（3）供应链流程的业务作业层设计包括信息流与数据流、流程的输入与输出等。

二、基于数据的供应链流程现状分析

（一）供应链部门主要职责

（1）依据相关部门需求选择或开发供应商，并对供应商进行管理。

（2）与供应商签署相关合约、合同，及时传递企业对供应商的相关要求。

（3）召集稽核小组实施供应商稽核，并于稽核后提供稽核结果报告。

（4）针对需求部门的样品需求，从供应商处获得样品与报价，并将价格输入到系统。

（5）将 AVL 输入到系统并分发给研发部、质量部等部门。

（6）依照物料需求，执行采购订单作业、交货期管控作业。

（7）执行物流部报关作业，并将货物交到仓库验收。

（8）当供应商所交货物不合格时，协助质量部门处理质量异常。

（二）流程中的问题分析

（1）执行传统流程，系统呆板，供应链大数据管理职能肤浅。

例如，成本管理隶属于日常作业，供应链成本管理没有策略和大数据可依，就是比较报价大小，基于大数据分析的供应链职能缺失。

（2）片面追求低价格，缺乏整体成本大数据挖掘意识。

企业注重价格结果，忽视数据分析过程，成本管理被片面地理解为价格管理，没有站在供应链和企业的立场上考虑总拥有成本，如物流报关成本、品质异常成本等。

（3）供应链流程不能降低运行成本或提高效率，成本数据稽核仅限于账面。

从供应链流程中对核价的要求可以看出，采购在核价之前根本没真正的成本分析。稽核局限于管制采购涨价或价格长期未变化状况，没有从成本大数据角度去评估价格的合理性。

三、基于数据的供应链流程优化方法的探讨

供应链管理是为了实现供应链上各成员总成本最低和价值增值最大化的目标，具有需求导向性、动态不确定性和结构复杂性特征，目标包

括但不限于以下情况。

（1）提高交付性能和订单完好履行率。

（2）提高供应链敏捷度和反应能力，如柔性的响应时间和生产柔性等。

（3）降低供应链成本，如销售成本、库存成本、采购成本、物流成本等。

（4）提高供应链资产管理效率，如资金流转率（存货天数、应收账款和应付账款周期）、资产周转率（销售总额、总资产、流动资金）等。

（一）流程现状和问题的深入分析

传统的手工纸张作业流程已无法承载供应链管理职能，以F集团为例，供应链主要流程是采购依据PR，通过PO购买产品并安排交货到仓库，并对供应商的应付账款做付款申请。

1.手工纸张作业与直线形层层签核，浪费时间

因为是手工纸张作业，一切均按照直线形串联方式进行。以请购到采购作业为例，从计划员开请购单，到发出订单，整个流程时间超过4个工作日，但有效作业时间仅为18分钟，其99%以上的时间均花费在等待中。

2.数据和信息不能共享，部分职能重复，稽核成本高

（1）交货期确认作业中，对订单料号和交货期信息需要反复确认，效率低下。

（2）物流报关进口作业，首先采购人员需制作文件，包括单价、数量、品名、重量、总价及箱数等，然后发给物流部作业。物流人员需再次确认后输入报关系统。

（3）付款立账作业中，为防止舞弊或疏忽，公司设置专员稽核。这需要采购花大量时间查找相关纸张文件，如订单、验收单等，审核无误后才会由财务部支付。

3.部分流程反向没有被规避

以货物验收入库为例，仓管员首先开立纸质入库单（待验），并将入库单递交给质量部；质量部检验合格后盖章，再把入库单归还仓管员做入账并生成GR单号；然后仓管员把入库单第二次提供给质量部，质量部

再在 ERP 中对该 GR 单号注明"质检合格"，流程出现两次反向。

4.数据层面的诸多问题

基于数据层面的问题诊断，包括基础数据不足、信息孤岛严重、功能模块缺失、数据前瞻性差、协同功能不足、缺乏数据中心、驱动决策不足等。

（二）基于数据自动化、作业电子化的流程优化

电子化流程是通过计算机联网和通信技术实现工作内容的系列化和有序集合，及时、准确地实现数据共享，它需要最大限度地实现技术上的功能集成和管理上的职能集成。

（1）开发电子化系统，完善系统自动处理、并行处理数据的功能。假设作业子流程（Aj，A_2，…，Am；B_1，B_2，…，Bn）的作业时间分别为（a，a_2，…，am；bi，b_2，…，bn），则该串型作业流程 P 总作业时间 Tp 为通过流程改善，假设仅（A_1，A_2，…，Am）是串型作业，但（B_1，B_2，…，B）是并行作业，则该流程的总作业时间 Tp 为两式相减，节省的时间为以 PR 转 PO 作业为例，计划部的请购单在 ERP 开立后，系统督导尽快签核，减少等待时间。同时，设定在 PR 生成或部门一级签署后，采购即可并行作业，在 PR 与 PO 的最后核准均完成后，订单即生效。这样可以双向地减少等待时间，同时在内部建立基于电子化签核的清晰审批权限（Delegation of Authority，DOA）。

（2）数据共享化，通过系统功能代替手工文件与手工稽核。为了实现数据共享化，集团基于电子化流程基础，引进了第三方 SRM（供应商关系管理）系统，该系统包括供应商管理、需求计划管理、采购业务管理、合同与技术管理、协同管理等分支功能模块。

以交付文件制作为例，订单等数据已被保存在 SRM 系统中，供应商只要把出货的料号、数量等信息输入系统，即可自动生成交付文件，所有信息，如单价、品名、总价等都可自动带出，不但确保了正确性，时效性也显著提高了，且系统可以自动实现数据稽核。

（3）规避检验到入库的流程反向，取消不必要的职能。物料入库只需要两个条件，即物料收到＋检验合格。仓管员可通过扫描枪自动链接 ERP 收料，系统提醒质量部检验，检验合格后，系统自动正式入库。这样既缩短了流程，又提高了效率。

通过电子化系统的自动数据链接和稽核，代替手工作业并避免流程反向，基于电子化和数据共享的流程优化，系统自行完成的职能名称用灰底色框标识，自动化数据传输和链接部分用虚线箭头标识。

以SRM平台为依托，基于组织、数据、流程、决策分析等维度，支持企业与供应商等外部资源及内部制造、需求之间的高度协同，从而提供数据决策的有力支撑。整合内部管理体系，对决策管控层、运营管理层、现场执行层、基础数据层实现业务全方位、实时、全链路的协同。

（三）流程优化的成本与效益预评估

之前的供应链流程至少需11个工作日，现在新流程最多需6个工作日，即至少节约了45%的作业时间。除了流程时效与弹性提高外，还实现了其他效益。

1.有形的效益，包括人力资源的节省和办公资源的节省

（1）人力的节省。仅以一个工厂为例，通过流程电子化作业和系统数据协同，采购人员、采购助理、仓管员、稽核员共计节约15人，每年节约人力成本105.6万元，

（2）节省办公资源。电子化系统的引入取代了绝大多数的纸张作业，包括各类单据及单据的复印。为此仅一个工厂每月至少节约50000张单据或纸张，每张以0.2元计算，成本为节为：0.2元/张 × 50000张/月 × 12月=120000元/年。

综合以上数据，通过流程优化仅一个工厂预估可节省有形成本1176000元/年。

2.无形的效益，集中体现在公司供应链职能竞争力的提高

（1）提升供应链整体执行力。电子化系统的运行，降低了等待时间，提高了效率。

（2）作业流程标准化、规范化，有效地规避了舞弊行为。系统的稽核具有强制性，任何违规作业都将被禁止，特权干预度也将大大降低。

（3）避免各环节人为疏忽或信息错漏，提高作业精度和准度。

（4）提高供应链绩效，各类数据自动生成，为深入供应链规划提供了精确的数据依据。

（5）将职能人员从烦琐的例行工作中解放出来，例如，从事价格谈判、行情分析及供应链策略工作，从而有充足的时间去关注采购成本、供应商管理、稽核考察等。这不仅大大提高了职能人员的能力，而且对提升整个供应链的竞争力都大有裨益。自动化、电子化流程有助于提高弹性和速度、降低供应链成本，也是供应链管理为企业战略增值最直接、最有效的方式之一。

四、基于大数据的供应链流程再造

（一）基于大数据的供应链流程ECRS

向流程要效益，对供应链降本增效提出更大需求，如推动一体化、精益化、智能化、集成化的四化建设。

对于供应链的流程再造来说，ECRS是个很好的工具，4个英文字母分别代表取消（Eliminate）、合并（Combine）、调序（Rearrange）、简化（Simplify）。供应链上的流程再造，是围绕链条上的各个拓扑网络进行的优化。供应链流程再造的方向和目的是建立集团大数据中心，通过供应链绩效看板并与财务报表无缝连接，建立精准、实时、真实的以数据为基础的管理流程。

对于具有若干个工厂的企业集团来说，可先抽取ERP和MRP等系统中的数据，并通过标准的文件格式存储到数据仓库，然后根据需求和设计的标准文件格式转换，并通过商业智能与大数据系统中心转换成各类面板，最后各个工厂的职责人员根据面板显示的数据进行准确度确认，从而实现数据链的循环。

（二）供应链数据的端到端与组织的变更管理

基于上述的流程再造逻辑，绘制现状与未来转型蓝图的目的是将每个工厂的不同流程、五花八门的表单、各自为政的管理、碎片化和割裂化的数据以及没有协同效应的弊端，转化为高效的商业智能（BI）流程，即通过简化、标准化、数字化和共享服务的流程再造，形成端到端的流程和共享中心。

其中，精简业务流程，是在供应链上全方位覆盖销售、订单履行、运营、供应链、应收和应付全流程，根基是财务协同、人力资源与一般行政支持、集团大数据中心与集中报告的 ERP 和 BI 系统的结合。

其中，创造端到端业务流程的价值如下。

（1）全方位完整的信息流、数据流。

（2）跨部门与部门内部之间的高效协同。

（3）通过精确的数据分析后的决策。

（4）自动化生成完整且统一的管理报告。

组织变更管理是关键，如组织结构集中化和去中心化，需要做到以下几点。

（1）重新规范工作职责，且人员的技能设置与再造流程相匹配。

（2）对流程、系统和工具重新设计、定义、优化、标准化及自动化。

（3）数据等共享服务（可通过第三方支持）与广泛、无障碍的沟通。

流程再造驱动组织架构体系的变化，如组织更加扁平化，可将传统金字塔形组织变成以客户为中心的服务型组织，提升供应链管理的领导力。

第三节　大数据赋能供应链需求计划与预测

供应链计划和预测是非常重要的，可以减少呆滞库存，减少巨大成本浪费。

一、大数据需求管理与需求预测概述

计划和预测不是衡量准确性，而是衡量偏差率。因为大部分的计划和预测是不准确的，所以更要加强计划和预测功能，而不是忽视这个功能。在实际需求管理中，很多企业因为计划和预测不可能 100% 准确，索性连基本的需求管理功能都放弃了。很多企业的计划和预测，就是几个文员在把销售部给的订单展开 BOM 输入到 ERP 中，然后下发需求就完事了，还美其名曰"精准对接"，其本质上只是一个信息传递，根本不是计划和预测。

（一）为什么要做需求管理和预测

需求计划和预测是为企业的业务运营服务的，假如同等条件下，竞

争对手计划和预测的准确度平均值是50%，但是我们的计划和预测准确度平均值是60%，这10%的差距将会大幅提高我们的运营效率、大幅降低成本，使我们领先于竞争对手。也就满足了企业运营的目标——打败竞争对手，形成持久的竞争优势。

（二）需求计划和预测的偏差分析

随着消费者需求个性化越来越强烈，未来多品种小批量将成为主流，大批量和超大批量生产方式将逐渐变得可遇而不可求。市场需求变化将更加频繁、市场机会稍纵即逝，对需求计划和预测提出了更大的挑战。

需求计划和预测的错误和偏差，将从销售预测开始，到生产计划、采购计划、订单确认，错误和偏差每一步都可能层层加码，最后导致更大的错误和偏差。

就像导弹从发射到最后命中目标，其过程就是一个不断发现偏差、不断纠正偏差的过程一样，需求计划和预测也要如此。如果偏差没有被及时纠正，会导致供给和需求不一致，从而导致供应短缺或生产过量，或者两种形态并存，即有的项目需求是短缺的，有的是供给过量的。而对于过量来说，站在整个供应链的角度，长期而言就会导致"牛鞭效应"。

二、基于大数据的需求计划和预测的框架和路径

（一）需求计划和预测的框架

做好需求计划和预测，就要做好如下"四部曲"。

（1）管理好来自客户端的需求，通过有效的需求管理，使客户的数据作用于本企业内部。

（2）做好本企业基于大数据分析的供需管理，通过需求计划、主生产计划（MPS）、采购和自制计划、库存动态数据等，实现自身需求计划和预测的持续优化（内循环）。

（3）使本企业的数据通过供应管理和/（或）SRM等系统，作用于外部的供应商。

（4）实现客户、本企业、供应商的需求计划和预测的数据协同，并持续优化（外循环）。内循环是外循环的基础，企业内部的计划职能至关

重要。做好企业内部循环，即内部的供需计划，需要做好如下几个方面。

①基于现有MPS和MRPⅡ技术，通过大数据分析和预测技术，有效地将销售订单、需求预测、产品计划（MTS库存生产/MTO订单生产）产能计划、BOM、物料周期、库存、采购需求链接起来。

②制订好基于产品生产策略和资源约束条件下的产品生产计划，如MTS（基于库存生产）或MTO（基于订单生产），然后再精确到车间计划和外购计划、外包需求计划。

③对于供应链职能来说，要积极做好基于客户需求的内外部组织关系、资源选择和数据分析，如集中计划、供应关系、大数据模型和计划基本数据等。

④在主导需求计划和预测过程中，供应链部门不仅要与企业内部各部门做好充分协同，还要与客户、供应商、外包商等做好充分的协同。

（二）需求计划的层级和分类

需求计划和需求预测相辅相成，计划是预测的前提和基础，预测是基于计划的延伸，两者互为犄角，共同作用才是完整的需求管理。

将两者充分有效地结合，在企业内部运营中，基于企业产品决策战略、将计划拆分为细节内容，作用于企业内外部资源。对于需求计划来说，包括年度计划、月度计划、每周排程、现场调度等，且需要销售部、计划部、物流部、采购部、生产部等各职能的高效协同，实现数据的无缝对接。

计划应按照层级递推细化，应了解各层级计划的类型和内容，在实际的运作过程中，制订计划的方法，如表5-1所示。

表5-1　计划的逐层分类和制订

计划种类	时间跨度	计划调整频率	计划的关键内容	功能及作用
年度销售计划	1年	1年1次	年度销售目标分解	各部门规划指导
长期销售计划	12个月	1月1次	战略储备、计划策略	产品上市与退市
中期销售计划	6个月	1月2次	销售和运营协调对接	战略物料采购依据
中期生产计划	13周	2周1次	滚动订单排产计划	订单交货排程依据
短期物料计划	2周	1周1次	普通物料需求计划	供应商生产依据
短期生产计划	1周	2天1次	每日滚动的生产计划	每日库存追踪

在执行需求计划的过程中，应注意如下要点。

（1）制定详细的长、中、短期的销售目标和计划，并根据市场地位、销售淡旺季、促销活动等影响对计划做相应调整。对老产品退市、新产品上市做出全盘部署。

（2）在对需求计划进行评审时，要详细分析产品定位，如优势、劣势、机会、威胁等。

（3）加强销售、研发、计划、物流、采购等部门的数据交流，构建实时、高效的数据传输渠道和沟通机制，打通数据的端到端对接，如通过月度检讨会，审视订单的执行情况，比较销售预测与实际订单的差异等。

（4）灵活运用计划策略，张弛有度。例如，对风险较大的项目，可采用"小步快跑"的计划策略；对多个产品共用的物料，可适当储备安全库存降低计划风险。

（三）计划在业务运营中的逻辑和流程

（1）做好精细化的产品结构BOM和MRP功能展开计划，并做好大数据基础。

（2）基于计划数据逻辑，打通"销售—计划—采购—生产"的业务端到端数据对接。

在实际的数据对接中，从提升计划管理职能的角度，至少需要关注如下细节。根据历史出货数据和客户的预测数据，并结合自身产品的特征，加强预测管理。对物料进行分类管理，并识别物料的交货周期（Lead Time），确定最优的制造策略，如自制和外购的选择。根据最终预测结果做出最佳备料方案，并确认合理的物料供给方式，如批量和进货时间点。

（3）在内部依照计划排程和工单生产，驱动计划流和订单流的协同。

基于数据运行逻辑，在实际的运营过程中，要打破任何数据孤岛的现状，将计划流与订单流的数据无缝对接，通过客户订单驱动周计划与日计划，并用计划流作用于订单接收与订单履行流程，使计划流与订单流紧密协同。

三、以数据驱动需求计划和预测的系统及工具

早在2019年，Gartner就发布了供应链计划成熟度模型并推荐了工具和方法，指出计划经历创新萌芽、期望顶峰、泡沫低谷、稳步爬升、实质高峰5个时期。

在创新萌芽期，可使用韧性计划、数据供应链孪生、供应链计划算法等工具；在期望顶峰期和泡沫低谷期，则使用自动化计划、供应链计划外包、机器学习、数字化供应链计划、物联网等工具或方法；在稳步爬升期时，则运用网络设计、供应链可视化、诊断性和描述性分析等工具和方法。

（一）从最基础的工具和数据做起

1.理顺内部流程的基本功

能做到从接到客户的订单开始，企业内部的流程可以立即展开数据流作业，且数据流就像物理学的电路图一样，该串联的串联，该并联的并联。例如，销售订单数据与出货系统相链接，同时客户订单和企业的预测单数据再并联数据流，系统自动展开MPS、MRP的运算，然后再并行流入到采购订单和入库单、生产工单及其BOM展开到工序作业等，企业的内部计划、预测的数据流，是通过系统自动完成计算和快速流入各个"数据端"的。

同理，需求计划实施要与实际的业务流程紧密相连，如将新需求计划与研发迭代、采购寻源、订单执行、财务支付等实际的运作流程紧密相连。

在执行内部计划协同的同时，供应链采购职能要借助相关SRM（供应商关系管理）等系统资源，与供应商充分协同，如通过数据驱动充分实施协同规划、联合预测与补货（CPFR）策略。除了传统的价格管控外，充分实现订单协同、交货协同、库存协同、信息协同等。

2.实际的数据要充分完善并延展到数据精细颗粒度

以销售预测为例，除了历史销售存量数据外，对于滚动销售预测的流量数据而言，数据的字段包括销售代码、客户代码、客户名称、产品代码、产品类别、预测月销售数量、预测基准、风险等级、加权系数、

预计月销售收入、生产工厂代码等。

基于客户的销售预测数据要与基于销售产品的预测数据关联。基于销售产品的预测表字段包括产品代码、产品类别、平均售价、批准状态、产品类别、图纸规格编码、BOM代码（ERP中成品料号）、预计产品生命周期、剩余产品生命周期、预测年度销售额等。

依据上述的预测数据，即可对产品的生产计划进行排配。预测数据可以继续延伸到精细颗粒度，如基于生产计划的每周需求计划。每周需求预测数据包括预测需求量（如工单、订单、新计划）、预测成品入库量、预测成品出库量、库存净余额等。

在具体的预测面板上，对于日、月、年不同维度的数据，可以通过展开与汇总看到。采购端的供应商交付（到货）需求的周计划，可以按照BOM的逻辑展开。物料采购端的到货周计划也可以展开为每日数据的更新。

（二）解决"表哥""表姐"的一站式计划和预测的平台搭建

1.完善基本的供应链管理系统的业务功能

不是所有ERP系统的功能都是全面且互通的。应通过ERP与其他业务系统的整合，充分实现主数据管理、计划管理、采购管理、订单管理、库存管理、生产管理等业务功能和彼此的数据对接，在业务功能上完善供应链管理系统。

2.设定物料计划和预测的系统运行逻辑

（1）物料计划和预测的宏观规划。

（2）至少将长周期的物料设置到主生产计划。

（3）根据物料周期、历史销售数据、客户订单，制定预测单。

（4）根据预测单对生产需求做对应预算。

（5）长周期物料需要采购部做好规划、提前备料。

（6）根据BOM和主生产系统运算，设定系统的基本逻辑

（7）设定阶梯用量与对应的阶梯采购量的采购价格。

（8）依据生产损耗率计算实际需求数量和采购批量。

（9）基于所有物料需求数量、时间，设定最佳采购到货数量和到货

日期。

3.基于数据端到端协同供应链计划与预测系统

企业在自身现有系统资源的基础上，如利用好SCM、MES、WMS、CRM等，打造供应商协同平台、智能生产平台、智能物流平台、客户协同平台等，提升供应链协同效应；并通过需求计划、需求预测数据驱动实时、高效的计划滚动和预测迭代；若企业条件许可，可建设大数据云平台和BI商业智能平台来完善功能。

数据驱动和完善了供应链协同，并使企业通过对供应链全过程数据追踪，提升供应链计划和预测智能。企业可以基于大数据逻辑框架的蓝图，构建产品中心、需求中心、订单中心、运营中心、供应商中心，通过企业自身的数据系统整合实现数据集成，并通过基础主数据、计划数据、绩效数据、运营数据、外部关联数据与ERP、MRP、OA、SRM、CRM、WMS、MES等系统构建数据平台，实现数据的集成化和一体化。

通过供应链计划和预测系统与平台的搭建，企业可接收多渠道的客户需求计划和预测数据，并对实际执行状况进行追踪（客户订单的下达及订单的实际交付数据），然后反馈到系统与平台，充分对接需求源头，实现数据链的双向循环。

第四节　基于大数据分析的供应链风险管理

一、基于大数据分析的第三方风险管理

很多年前，企业管理界就流行一个论断："企业和企业之间的竞争，归根到底是供应链与供应链之间的竞争"。

美国数字化供应链研究院在2020年12月发表了一篇关于"竹子供应链"的研究报告。报告指出，竹子的抗拉强度比钢的抗拉强度还大；竹子可以抵御大风，弯曲而不断；竹子比钢轻，富有弹性且生长迅速。企业需要建立像竹子一样强大、有弹性的供应链。竹子供应链的特性包括高质量的预测、高客户满意度、弹性供应能力、敏捷的合作伙伴网络、

可见性、区域多样性、最小化的中断、合适的现金流储备等。

Gartner 2020年报告指出，根据供应链25强榜单显示，顶级供应链领导者专注于目标导向型组织、业务模式转型和大数据业务流程以取得成功。顶级供应链有以下三大趋势。

（1）趋势一：以目标为导向，为客户、企业和其他干系人创造价值。

（2）趋势二：通过业务模式转型获取新的竞争力，积极应对颠覆性风险。

（3）趋势三：运用大数据业务流程和编程，应对各种供应链风险。

这3个趋势中有两个与供应链风险相关，对于供应链管理者来说，企业的第三方风险管理（TPRM）越来越重要。尽管企业在策略上越来越依赖供应商、销售商和分销商、各类支持服务等关键第三方，可大多数企业并没有对第三方进行风险管理的准备，第三方失败也一直在给企业造成重大损失和战略影响。另一方面，企业仍然越来越需要第三方来实现其战略目标，这势必导致企业在更多的风险领域中面临新的风险，也加剧了风险管理的失败后果。

某顾问公司2021年初对全球近1200家企业的TPRM进行调研，发现高达85%的企业没有能力全面管理所有第三方风险；47%的企业因第三方失败对财务的影响在过去5年中至少增加了1倍，甚至有20%的受访企业表示其对财务的影响增加了10倍。财务影响包括罚款、直接补偿费用和收入损失等。

与2019年比，调研表明，2020年严重的第三方风险事件增加了11%；35%的被调研企业重大第三方风险事件导致的财务影响超过1亿美元；而57%的重大第三方风险事件则导致公司股价下跌超过5%。

高达60%的被调研企业表示，它们目前的第三方风险管理政策、系统不够灵活，无法全面监控第三方风险，需要设立供应链风险管理或改进领域的调研数据。其中，实时信息、风险度量和报告，第三方风险管理的工具和科技，高层对第三方的管理和全面监督，是排名前三的必须设立或须重大改进的领域。需要注意的是，风险报告除了对风险的描述和分析外，还包括基于风险的结果、补救行动，如脱离与第三方的关系等。

二、制造业的供应链风险管理

（一）供应链风险管理现状的特征

就制造业而言，供应链风险管理现状的特征有如下方面。

（1）与第三方协同创新，创造价值和绩效是企业永恒的主题。

随着经济全球化、跨国企业及分工、全球供应链日新月异的发展，制造业的共同主题是专注于创新、价值创造、运营绩效。制造业企业比其他企业更需要第三方的协作来实现企业战略，空前需要注重生产力、以客户为中心和成本效益。

（2）持续运营、高效应对第三方风险事件是风险管理投入的主要驱动因素。

可持续性运营是制造业企业的核心战略之一，同时与客户、投资者和其他干系人的协同也变得更加迫切。60%以上的企业已经将持续运营、高效应对第三方风险事件视为风险管理投入的主要驱动因素。

（3）业务增长和降低成本仍然是管理第三方关系的关键。

创新带来机遇，但也伴随着风险。与其他行业相比，制造业的TPRM预算严重不足。数据显示，63%的制造业企业是总预算不足，而高达68%的制造业企业是对第三方风险的监控预算不足。

（4）制造业整体TPRM成熟度得分严重偏低。

TPRM成熟度可分为初期、已明确、已应对、已整合、已优化5个阶段，11%的制造业被调研企业已进入"已整合"或"已优化"阶段，41%的被调研企业达到了"已应对"阶段，剩下的48%仍在前两个初级阶段摸索着。

大部分被调研企业觉得高层要有明确的态度来推动所需的风险文化、适当的流程以及合适的人员和企业结构，49%的被调研企业强调这些方面是需要改进的地方。

制造业企业渴望改进TPRM，不仅是提高报告能力和数据完整性。34%的被调研企业将适应风险管理的快速变化视为实现转变的关键要求。许多被调研企业还希望更好地获取实时风险情报，以便及时做出风险决策。

（二）供应链风险的弹性管理及原则

企业的风险包括战略风险、运营风险、财务风险、项目风险、合规风险、信誉风险等。供应链风险既属于战略风险，也属于运营风险。供应链风险的原因包括但不限于供应市场的不稳定性和资源的稀缺性、供应商故障（财务不稳定性、现金流问题等）、供应链破坏（罢工、不可抗力、运输问题、运输中的损坏等）、供应链和物流的长度和复杂性（较长的前置期和运输风险等）。

通常，对制造业企业来说，一些关键性供应链战略风险有如下几个方面。

①经济风险，如供应商故障、供应链欠佳、供应或客户市场条件变化等。

②财务风险，如缺乏流动性、财务成本增加、投资风险、汇率损失、信用管理、欺诈等。

③竞争风险，如竞争者举措、竞争战略失败、核心能力损失、品牌损失等。

④发展风险，如兼并或收购、文化系统不兼容等。

⑤国际化风险，如汇率损失、文化和法律差异、市场误判、准入受限、运输风险加大等。

一些供应链运营风险有如下几个方面。

①成本结构不合理，无法降低成本基数。

②产品和服务需求不足（或过量）。

③供应商或外包商破产，供应中断或生产中断（如罢工、机器故障引起）。

④健康安全卫生问题。

⑤合同挫败、技术风险、物流的风险等。

风险管理 4T 战略是指终结（Terminate）、转移（Transfer）、忍受（Tolerate）、处理（Treat）。

供应链风险三维关系包括严重程度、可修复性、可修复时间。

1.供应链风险管理方法与原则

在供应链风险管理体系中，可以采用风险规避、风险分担、风险利用3种方法。企业可以利用风险管理方法重构供应链网络。供应链风险管理有如下4个原则。

（1）去中心化原则：消除或转移风险管理的瓶颈环节。

（2）去隐形化原则：消除不可见的隐形供应商。

（3）去过度化原则：消除同一个层次、品类的备份供应商数量。

（4）去唯一化原则：消除唯一货源的风险，适当增加备份供应商以分散风险。

2.供应链弹性修复原则

（1）战略优先原则：优先修复具备战略地位的供应链环节。

（2）应急修复原则：急需的先行修复，以增强供应链自动修复能力为主。

（3）长期利益原则：短期修复可以效率优先，但要兼顾长期利益。

（4）杠杆效应原则：用能够产生示范带头作用的供应链环节带动其他环节。

（三）供应链风险管理的要点

1.基于组织生存的新趋势的风险处理方式

企业的生存环境的新趋势有快速变化的外部环境、内部渴望变革却又害怕变革的矛盾、不断引入颠覆性的技术等。针对这些新趋势带来的风险，可以采用以下5种基本处理方式。

（1）上报：将风险上报高层，寻求管理层支持。

（2）规避：重新论证、聚焦价值。

（3）转移：寻找第三方。

（4）减轻：寻找资源、建设团队、技术进步、提高效率、消除浪费等。

（5）接受：审视战略、降低期望等。

2.供应链风险管理细节

在实际的策略层面，根据集团企业的政策和相关要求，企业应做好如下方面的工作。

（1）与合作伙伴签署合同，如质量合约、反商业贿赂和腐败合约、廉洁承诺书等。

（2）不同进出口国家、地区的贸易控制政策、合规性的培训和宣导。

（3）满足其他来自国际合规组织的调查要求等，如禁止企业和其合作伙伴（供应商）从被制裁的使用强制劳动力和童工的国家购买相应的原料等。

（4）来自客户端的要求，如环保等相关要求等。

（5）定期在供应链各个环节开展必要的合规性和风险调查。例如，对供应商的EHS（环境、健康、安全）调查、利益冲突调查、供应商能力调查、企业社会责任调查等。

3.做好日常尽职调查和风险调查作业

在引进新供应商和新客户的时候，做好尽职调查和风险调查。

（1）付费式国际合作伙伴的调查，如登录一些知名度较高的专业机构网址，输入被调查企业名称后，即可看到具体的风险信息。

（2）国内一些常用的网址，可以免费查询国内第三方企业的信用和法务记录等。

第六章 绿色供应链管理

第一节 绿色供应链管理概述

一、绿色供应链管理的提出

绿色供应链（Green Supply Chain，GSC）的理念萌芽于20世纪70年代美国的物流管理行业。1996年，密歇根州立大学制造研究协会在"环境负责制造"（ERM）的研究中，首次提出了绿色供应链的概念，认为要在产品设计、采购、制造、组装、包装、物流和分配等环节考虑环境因素。当把环境问题纳入供应链时，绿色供应链的概念应运而生。绿色供应链管理日益成为许多行业竞争和改变竞争格局的重要战略与实践。目前，绿色供应链已被融入创新战略，用以引导企业获得竞争优势。由于绿色供应链管理的成功实施，企业得以在运营管理中实现经济、环境和社会层面的整合，最终促成整体的可持续发展。

20世纪90年代，随着企业间竞争的加剧、全社会绿色意识的提高，企业开始在供应链管理中承担起环境责任。与此同时，随着经济全球化的不断加深，全球环境问题日益突出，绿色供应链管理作为一种兼顾环境效益和资源效率的管理模式日益受到重视。作为一种防范供应链环境污染风险、推动产业转型升级的创新性管理手段，绿色供应链管理的理念被逐渐融入企业运营管理中。

传统供应链管理被定义为一个集成制造过程；绿色供应链管理在此

基础上，考虑如何通过供应链管理提高资源利用效率，保障自然生态环境。

绿色供应链管理目前尚无统一定义，但基本都符合笔者在《绿色供应链管理》中给出的定义："绿色供应链管理就是在供应链管理中考虑和强化环境因素，即通过与上下游企业的合作以及企业内各部门的沟通，从产品设计、材料选择、产品制造、产品销售及产品回收的全过程实现环境整体效益最优化，同时提高企业环境和经济绩效，从而实现企业和所在供应链的可持续发展。"

总而言之，绿色供应链管理是一种从全生命周期角度出发，对整个供应链进行生态设计，促进各环节在环境管理方面协调统一，提升整条供应链环境效益和资源效率的创新管理模式。

二、绿色供应链管理基本实践

绿色供应链管理的日常运作体现在企业的绿色供应链实践中。为保证绿色供应链管理的成功实现，企业需要加强与供应商、消费者以及物流服务提供者的合作。

（一）绿色采购

绿色采购是绿色供应链管理的源头和关键环节，其核心内容是如何将环境因素融入采购环节。关于绿色供应链的研究开始于绿色采购，1994年，Webb研究了一些产品对环境的影响，建议按照环境准则选择合适的原材料，同时注重再生利用，进而提出绿色采购的概念。

绿色采购有狭义和广义之分。狭义的绿色采购是指所采购的产品（原材料、零部件及成品）或服务本身不含有污染环境和危害人体健康的有毒有害物质；广义的绿色采购还包括所采购的产品（原材料、零部件及成品）或服务在制造过程中没有使用或产生污染环境和危害人体健康的有毒有害物质。因此，绿色采购一般包括两方面的内容，即绿色产品购买和绿色供应商选择。此外，企业尤其是核心企业会考虑促使供应商采取环境保护行为。

1.绿色产品购买

目前，对于绿色产品尚无统一定义，不同的学者对产品的"绿色"

性质有不同的认识。从考虑产品对环境的影响角度出发，1995年，Pe-attie认为重要的是要辨别一种产品何时（when）、为什么（why）及多大程度上（how）是绿色的。

（1）When：产品生命周期不同阶段的绿色特征。

（2）Why：产品被认为是绿色的原因，涉及认识产品的环境重点。

（3）How：对于环境影响的程度。

关于产品生命周期，主要考虑3个阶段：使用前（包含原材料提取、生产过程、运输过程）；使用时；使用后（寿命终止）。环境重点指的是绿色产品对环境影响的主要类别，可以根据绿色产品的主要环境重点来区分绿色产品，分为以材料、能源和污染为重点的绿色产品。一旦认识到绿色产品的3种主要环境重点，就可指定影响的具体类型，分为较消极影响、零影响或积极影响。若一种产品的环境影响低于传统产品，或其影响为零，甚至有积极的贡献，则可视为绿色产品。

总结来说，绿色采购就是通过源头控制，企业在采购时就应该从产品生命周期角度出发，评估产品（原材料、零部件和产成品）对环境的影响。

2.绿色供应商选择

由于良好的经济和社会效益，绿色供应链管理越来越成为企业在市场竞争中占据优势的有效途径。目前，国际上许多大型公司都非常重视并会审慎选择供应商，并且把环境能力作为评估供应商的重要标准。国内许多树立起环境意识的企业，已经或正在通过招投标等形式，寻找和选择合适的供应商，建立供应商档案。在首次合作时，会采取以下方式选择绿色供应商。

①对供应商提出环境标准要求。

②要求ISO14000等环境认证。

③对供应商的环境审计。

由于道德风险和逆向选择等原因，企业并不能保证供应商在运营中遵守环境要求，因而在与供应商建立采购关系之后，还需要对供应商环境合规状况和运作进行监管，具体包括以下方面。

①逐级供应商管理。

②企业直接管理。

③第三方管理。

3.促使供应商采取环境行为

在现代市场经济中，供应链间的竞争已经被认为是市场竞争的本质。正如供应链管理专家Martin Christopher所说："市场上只有供应链没有企业""真正的竞争不是企业与企业之间的竞争，而是供应链和供应链之间的竞争"。相应地，社会责任行为也从企业行为扩展至供应链行为。供应链上各个企业作为利益共同体，任何企业的不负责行为都可能引发供应链风险，进而导致整条供应链危机。实践表明，上游供应商的违规行为往往会对下游企业的形象和绩效产生巨大的负面影响。

因此，在选定供应商后，企业可以通过指导、支持和帮助供应商等途径与供应商建立双赢的合作伙伴关系，保证供应商行为符合环境要求。此外，由于政府环境法规和企业环境要求的不断提升，企业还可考虑帮助其供应商通过革新技术、创新生产模式等手段适应发展要求，实现合规生产。

（二）内部环境管理

企业内部环境存在于组织边界内，是保证企业正常运行并实现利润目标的内部条件与内部氛围的总和，是由企业物质基础、企业组织结构、企业家精神、企业文化相互区别又紧密联系的四要素组成的有机整体。其中，前两者构成企业内部硬环境，后两者构成企业内部软环境。

企业内部环境管理贯穿于企业整个生产经营过程。内部环境建设的好坏，直接关系到企业的运营与竞争力，是企业生死存亡的大事。因此，企业必须从战略上高度重视内部环境建设。

随着供应链间竞争日益加剧、环境规制的不断完善和规范，企业为了适应可持续发展理念、形成绿色供应链生态，必须从内部环境入手——整合内部竞争优势，实现动态能力调整。为适应日益动态化的市场环境，企业必须充分认识环境规制所带来的机会和威胁，通过外部知识获取和内部知识创造在竞争中占据优势。在学习现有知识和技术的基础上，企业结合自身情况通过优化配置资源以采取恰当的行动，提供绿色产品或服务，构建绿色生产流程能力，实现创新驱动下的绿色转型。

1.环境合规性监测和审计

环境合规性监测是在组织日常运营中运用现代科技手段监视、测定、控制反映生产经营过程中的各项环境指标，从而对合规性做出综合评价。环境合规性审计是对组织所处环境状况进行系统、定期和客观的评估和记载，识别组织活动造成的或可能造成的环境问题，并采取相应措施加以消除。

开展环境合规性监测和审计，保证企业环境信息的有效性：一方面有助于企业控制或合理规避环境风险；另一方面有助于企业树立环保形象。

2.全面质量环境管理（TQEM）

全面质量环境管理（TQEM）将战略环境管理集成到全面质量管理（TQM）的整体方法中，是对直接影响环境质量的制造过程和程序实施质量管理标准和原则的过程。对不断改善组织的环境绩效，创建TQEM体系有助：识别其客户和各个环境小组；激励管理层和员工致力于提高组织的环境绩效；消除潜在的环境问题。正确实施TQEM的关键是。协调继承系统各部分以共同实现所提出的目标。

全球环境倡议（GEMI）成立于1990年4月，最初由包括IBM、AT&T和Kodak在内的21家公司组成，以制定企业环境绩效的战略和标准为组织目标。客户识别、持续改进、第一次做好工作、系统方法是GEMI确立的TQEM四大基本要素。

3.污染预防计划

污染预防是从源头减少、消除或预防污染的任何实践，也称为"源头减少"。污染预防与回收、处理及处理后排放有本质区别且更为可取。通过在生产、运营和原材料使用方面进行具有成本–效益的转变，工业界在减少或预防污染方面具有巨大前景。

各国政府、国际组织相继出台法律法规规范污染预防计划并取得良好成效。例如，1999年《加拿大环境保护法》（CEPA）第4部分要求授予环境和气候变化部长制订和实施CEPA有毒物质污染预防计划的权限，并给出污染预防计划准则。

1991年，美国佛蒙特州立法通过了《佛蒙特州污染预防计划法（第

100号法案）》，要求超过特定阈值的企业完成污染预防计划，提交年度进度报告以描述在计划中制定的减少目标方面取得的进展，并提交年费。自2006年以来，佛蒙特州污染预防计划实施了近600个污染预防项目，减少了280万磅（1270t）的危险废物和200万磅（907t）的有毒物质。

4.环境经理和员工培训

环境经理负责确保组织遵守内部和外部环境要求，既要在空气质量、废物、清洁水和污染等外部方面符合环境法规，又要达到公司内部环境标准。环境经理的工作需要上级、同级和下级的配合，开展员工培训，使员工树立环境意识，是实现组织环境目标、改善环境绩效的关键。

富士通集团（Fujitsu Group）基于"在所有员工中加强环保意识和积极主动的努力对于推行环境管理至关重要"的信念开展了各种环境教育培训活动。所有员工都接受了环境培训，以促进对环境管理的基本了解。除了为新员工和经理提供培训外，还按部门进行培训，同时为负责与环境有关任务的员工进行专门的培训，例如，内部审核员培训和针对负责废物处理人员的培训。

5.员工提出环境建议的激励计划

员工是现代企业管理制度中最活跃的因素。只有充分重视人的作用，以人为本，充分发挥员工的主动性和能动性，企业才会持续发展。

员工是企业生产经营活动的具体实施者。当员工通过培训等方式树立起环境意识后，企业可设立员工建议计划（ESP）、采取激励措施，鼓励员工对企业的环境管理提出意见和建议。

（三）生态设计

生态设计的思想可以追溯到20世纪60年代，美国设计理论家Victor Papanek在《为真实世界而设计》（Design for the Real World）中强调设计应该认真考虑有限的地球资源，为保护地球的环境服务。1996年，Sim Vander Ryn和Stuart Cowan将生态设计定义为"通过将自身与生活过程整合在一起，从而最小化对环境负面影响的任何形式的设计"。生态设计最初是指在设计过程中"加入"环境因素，但后来集中于生态设计实践的细节，如产品系统、单个产品或整个行业。在绿色供应链管理中，生态设计是企业通过内部各个部门协作努力而进行的环境管理实践，主要包括产品生态设计和清洁生产。

1.产品生态设计

产品生态设计是指在产品及其全生命周期中，充分考虑对环境和资源的影响，在兼顾功能、质量、开发周期、成本等因素的同时，优化各有关设计因素，实现对环境的负面影响和资源消耗最小化。生态设计强调平衡经济和生态（包括资源环境影响等），具体来说，就是在产品开发的各阶段均考虑环境因素，通过产品开发减少产品整个生命周期对环境的影响，最终可以带来更可持续的生产和消费。

产品生态设计需要企业内部各部门及供应链上下游企业多方合作与参与。产品生态设计的成功与否取决于管理层的重视、供应链关系、企业全体员工的环保理念、环保专家的参与、对员工的环保奖励，以及企业各个部门的知识、能力与合作等。

企业在产品生态设计时可以考虑以下5个目标。

①降低材料/能源消耗的产品设计。

②在整个生命周期减少产品对环境的负面影响。

③使用再利用、循环、回收材料或零部件设计产品。

④以最节能的方式为用户设计易于安装的产品。

⑤减少对环境有害物质的设计，加强对回收废物和再制造的设计。

2.清洁生产

广义上，清洁生产也是生态设计的一部分。在实践中，企业往往更关注清洁生产过程。联合国环境规划署（UNEP）将清洁生产定义为："清洁生产是一种新的创造性的思想，该思想将整体预防的环境战略持续应用于生产过程、产品和服务中，以提高生态效率和减少人类及环境的风险。"

清洁生产致力于减少生产过程和产品全过程对人类和环境造成的危害。对于生产过程，清洁生产要求节约原材料和能源，淘汰有毒有害物质，减少和降低废弃的数量和毒性；对于产品，清洁生产要求减少产品从原材料提炼到产品最终处置整个生命周期的环境负面影响；对于服务，清洁生产要求将环境因素纳入设计和所提供的服务中。清洁生产可以为企业带来实质性的经济节约和更干净的环境。清洁生产可同时考虑所有与产品系统有关的环境问题并注意各个方面的相互联系，从而为企业带来经济效益和环境效益。

（四）与客户环境合作

企业在建立供应链合作伙伴关系时，往往考虑加强与供应商的合作，在绿色供应链中主要表现为绿色采购。近年来，绿色供应链的另一环——与客户的关系，也日益受到企业的重视，主要表现为与客户环境合作。根据企业在供应链上所处的位置，可将企业的客户分为消费者和下游企业。若企业生产最终产品或服务，其客户为消费者；若企业生产原材料、零部件、半成品或为下游客户提供服务的产品（清洗材料、检测设备等），其客户为下游企业。因此，要根据客户的类型分别研究与客户的环境合作。

1.与消费者的环境合作

企业与消费者的关系主要体现在绿色营销上。绿色营销是对环保产品和服务的营销。随着消费者环境意识和生态意识的提高和绿色消费观的树立，越来越多的企业将绿色环保主义作为企业生产的价值观导向，以绿色文化为生产理念，力求满足消费者对绿色产品的需求。

从绿色营销的角度分析，企业与消费者的环境合作可分为两个方面：一方面，消费者向企业传递其环境偏好，然后根据企业的自身情况，选择合适的绿色营销战略；另一方面企业向消费者传递环保产品"绿色度"，消费者对此足够了解并信任。

2.与下游企业的环境合作

对于下游企业，上游企业作为供应商可与其建立绿色客户关系，进行环境合作。首先，企业作为供应商，要实现其经济效益，在遵守法律法规的基础上，还需符合下游企业的环境标准。与下游企业开展环境合作，增强对其环境标准的理解，一方面有利于建立合作关系，另一方面有利于企业合规生产经营。其次，除了被动按照客户的要求组织生产、建立环境管理体系以外，供应商也可通过环境实践获得市场甚至影响客户。

（五）逆向物流

逆向物流是相对于正向物流而言的，正向物流处理产品是从原材料到最终消费者的流动过程，逆向物流与之相反，适用于与产品和材料的再利用有关的所有操作。它是"为了获取价值或适当处置而将货物从其通常的最终目的地转移的过程。再制造和翻新活动也可能包括在逆向物流的定义中"。

随着人们绿色意识的提高、绿色供应链管理概念和实践的进步，逆向物流日益受到企业的重视。过去20年中，有关"逆向物流"的出版物大大增加。1992年，James R.Stock在由物流管理委员会发布的白皮书《逆向物流》中首次使用了"逆向物流"一词。此概念在随后的出版物中得到了进一步完善，如1998年Stock的《逆向物流程序的开发和实施》、1999年Rogers和Tibben-Lembke的《逆向发展：逆向物流趋势与实践》。

根据逆向物流的形成原因、回收路径、处理处置方法、所在行业形态的差别，逆向物流对象可以分为投诉退货、维修退回、商业退回、终端退回、生产报废、副产品与包装物的回收这6类。根据对象性质，逆向物流又可分为退货逆向物流和回收逆向物流。退货逆向物流是指消费者将不满意的产品返还给厂商，回收逆向物流是指产品生命周期结束后上游生产商从消费者手里回收废旧产品，进行进一步的处理和加工。这里说的逆向物流主要是指回收逆向物流。

随着环境意识的提升和环境规制的增强，逆向物流的经济价值逐步显现，企业把逆向物流作为强化竞争优势、增加顾客价值、提高供应链整体绩效的重要手段。

二、绿色供应链管理的发展趋势

（一）从一级向多级供应商拓展的绿色供应链管理

随着环境和资源问题受到公众的日益关注，绿色供应链管理正逐渐成为供应链核心企业减少环境影响、降低环境风险和提高资源利用效率的重要手段。然而，由于供应链中的信息不透明，供应链上下游成员之间存在信息不对称，上游供应商可能会因为追求短期收益而产生环境违规行为。随着当地政府对环境保护的重视程度日益增强，以及非政府组织对绿色供应链的关注度日益提升，上述环境违规行为极有可能会对绿色供应链中的核心企业造成供应中断或声誉损失的负面影响。此时，基于运营层次的绿色供应链管理难以抑制上游供应商的机会主义行为，故核心企业需要在绿色采购中，从绿色供应链管理上升到战略层次开展绿色供应链治理。

在绿色采购中，对上游供应商来说，最常见的一类治理机制是实施正规的评估合同，以此来减少供应链中的信息不对称，将风险最小化。正规的评估合同是以委托代理关系为基础，局限于核心企业和供应商双方的利益冲突和对短期利益的追求，从而可能导致环境违规等机会主义行为的发生。另一类治理机制是非正式的，是与供应商建立信任与合作关系，并逐渐演变成比供应商评估更重要的治理机制，尤其是对于中小型供应商。许多知名企业（如宝马、沃尔玛）意识到委托代理关系的局限性，已经尝试开展一类新型的监管合作关系——管家伙伴关系，引导供应商从被动反应转变为主动遵守环境标准，并考虑所有利益相关者的利益，建立长期的战略伙伴关系。因此，绿色采购中的供应链治理是从正式向非正式拓展的绿色供应商关系治理。

在绿色供应链外部，环境非政府组织对供应商环境违规行为的披露，及其在绿色供应链领域的探索（供应商数据库、环境违规监管数据平台建立等），推动了核心企业对绿色供应商外部治理的关注，并且越来越重视环境非政府组织在绿色供应链治理中所扮演的角色。

在绿色采购方面，随着环境非政府组织对上游供应商环境信息的深入挖掘，出现在二级以上供应商的环境问题被披露，推动了核心企业将绿色供应链治理主体从一级供应商延伸至多级供应商，尤其是在全球供应链中（多级供应商位于不同国家或距离较远）。一级供应商由于与企业存在合同和业务关系，所以企业对其开展绿色供应链管理的有效性最高，而随着供应链向上延伸，供应链网络复杂程度增加，对二级及以上的数目庞大的供应商进行治理是如今大多数核心企业面临的重点和难点问题。

（二）从绿色供应链到绿色价值链

绿色价值链可定义为从产品设计、原材料采购、产品销售到回收再生的外部实践上，通过与上下游创新的模式，以产生或提高企业或供应链的价值过程。

绿色价值链是在绿色供应链基础上的拓展。首先，企业的绿色供应链管理主要是出于避免来自法律法规、市场等风险的考量，因而忽视了通过绿色供应链管理产生价值的过程。事实上，企业可以通过重新构建绿色供应链管理实践的模式，通过与外部利益相关者（客户、供应商）的创新合作模式，从而实现绿色价值链管理。例如，在绿色采购方面，企业的绿色价值链管理实践可以拓展到与设备供应商合作进行绿色设备改进，而不仅仅局限在材料和材料供应商的监管上；在与客户合作方面，企业的绿色价值链管理实践需要突破传统的制造企业价值创造（卖产品），与客户合作创新业务模式（从卖产品到提供服务等），进行价值创造。实现绿色价值创造有多种方式，企业应该结合自身特性、行业特性等，选择适合的绿色价值链的实践和管理模式。

（三）绿色供应链管理与循环经济集成

循环经济在本质上属于生态经济，它的根本目的是达到人类、经济、社会及自然生态系统的共赢。为了达到这一目的，循环经济在其发展过程中有必要构建出一个由资源、企业、产业、环境、管理和组织等要素组成的完善的复杂生态体系。要保证整个生态体系的正常运行，实现3R原则，就需要研究相关环节、系统等的优化组合问题，研究采用何种理论和方法才能构建出如此复杂的系统。早在1990年年初，钱学森就指出："现在能用的、唯一有效处理开放的复杂巨系统的方法，就是定性定量相结合的综合集成方法"。集成理论在电路中应用，收到节省资源、提高功能、减少体积等效果；在管理、产业等领域应用，提高资源共享程度，取得良好的经济效益；集成理论在经济领域应用将有很好的发展空间。目前，对集成的研究主要体现在产业集群、生产过程集成、管理集成等方面，部分学者已开始关注集成理论在循环经济方面的应用研究，但对循环经济体系集成原理、方法等方面的研究相对较少。循环经济集成涉及供应链的各个方面，包括资源集成、企业集成、产业集成及系统集成。

1.资源集成

循环经济这样一个生态体系，首先要研究资源合理配置与利用问题，即资源集成问题。资源集成方法主要有资源环节集成、资源流动路径集成和资源流动网络集成等。

2.企业集成

在循环经济体系中各个企业的行为、体系目标、功能、所需资源及生产的产品是不相同的，为了达到企业之间的资源共享、技术合作及协同发展的目的，实现各个企业的规模最佳化、机构合理化及经济效益最大化，需要研究循环经济体系的企业集成问题。企业集成方法主要有纵向企业集成和横向企业集成。纵向企业集成是指处在企业不同控制和管理层之间的集成，它打破了以往组织中上下级那种明显的等级关系，目的是实现上下级之间关系的和谐，以便共享企业的信息。横向企业集成是指为了实现企业业务过程的不同功能部门之间的集成，它有助于消除部门之间、产品线之间的界限，使不同部门之间为了实现对业务过程的支持而进行自由沟通，以便达到共同的目的。

3.产业集成

产业集成是指一组存在积极的纵向或横向联系的产业所形成的创新结合体，其实质是产业间的技术集成、资源集成和市场集成。一方面，产业集成通过整合现存资源和潜在资源使资源效用达到最大化，从而带动相关产业的发展，为产业的可持续发展创造广阔的空间；另一方面，产业集成通过对产业结构进行重新布局，将产业发展模式由不可持续的转变为可持续的。产业集成的核心是尽最大努力突破资源约束，实现从生产、消费到废弃物处理过程的物质和能量的循环利用，达到不同产业之间及产业的不同部门之间的相互融合。产业集成的目的是建立结构合理、功能完善，并能促进物质和能量高效循环的体系。

4.系统集成

相关产业构成同系列资源开发利用的有机体，而循环经济体系是由许多这种的有机体或产业体系构成的。循环经济体系也包括物流、信息、资金、技术、人员等系统。要保证循环经济体系的正常运行，就需要将相关系统有机组合在一起，这就需要研究循环经济体系的系统集成问题。系统集成并不是各种要素的简单组合，而是利用系统工程方法，按照整体性和最优性的原则，以最优化的综合统筹设计为出发点，以循环经济中的技术和集成技术为手段，按照循环经济集成原理，把各种产业按照一定的方式组合成一个系统集合体，实现对资源、技术、企业、组织层面等的整体创新。

第二节　循环经济视角下的绿色供应链治理

循环经济在我国作为试点政策已经开展多年，很多企业积累了相应的实践经验。绿色供应链管理的研究已经比较成熟，领先的企业也取得了很多成就。因而从循环经济视角去审视绿色供应链管理，是为了丰富和激发更多的管理实践，绿色供应链管理已经转向绿色供应链治理，因此，本节从循环经济的视角研究绿色供应链治理。

一、绿色供应链管理及循环经济实践关系

在微观企业层面的实践中，绿色供应链管理和循环经济的实践甚至被认为是等同的。在实践层次上，绿色供应链管理涉及的层次和维度与循环经济涉及的层次和维度也是相对应的：企业、工业园、区域，甚至全球。绿色供应链可作为实现循环经济目标的重要手段。在企业层面上，循环经济在规划实施时，需要考虑对于逆向供应链的设计，对于末端产品的再循环、再利用或再制造。在工业园层面上，由企业间共生关系形成的循环链条，可以看作一条闭环供应链。在园区内开展绿色供应链管理已被认为是开展循环经济、实现可持续发展的重要途径。

绿色供应链管理更多地集中在企业层面上，因而两者之间在实践上的联系也主要表现在企业层面。在企业层面上，循环经济的实践主要是基于5R原则（减量化、再利用、再循环、再生和再制造），绿色供应链管理的实践分为绿色采购、生态设计、内部环境管理、与客户的环境合作和逆向物流与资源再生。

（一）减量化维度

减量化聚焦在产品生命周期的3个阶段，即在生产前阶段减少资源的消耗，在生产过程中减少材料和能源的使用，在使用过程中减少废弃物的产生。在此过程中，需要考虑很多减量化的技术手段，包括降低对有毒有害化合物产品的使用，使用必需的产品，延长产品的使用寿命，

减少不必要的包装。减量化的含义不仅是针对资源和能源（能源经常对应的是碳排放）的消耗，同时也包括了对生产过程中三废（废气、废水和固废）的减量化。

在生产前阶段，绿色供应链管理实践中的生态设计和绿色采购考虑到减量化。在已有研究中最常讨论的相关实践包括减量化策略、减量化设计、资源消耗减量化、投入减量化及采购更环保的原材料。

生产是减量化重点关注的过程，强调资源和能源使用的减量化、污染物排放的减量化，近年来与资源使用紧密相关的碳排放的减量化受到了极大的关注。大量的研究仍然是从整个绿色供应链管理实践的视角来探讨生产过程中的减量化，它与之前所提到的5种实践都存在密切关联性。例如，针对生产过程能源的减量化设计，被认为是一种能够取得明显节能的方法。内部环境管理中的环境管理体系及相关的培训活动，能从某种程度上提升生产过程中的能源节约。

产品使用过程中的减量化主要涉及的是包装的减量化和产品使用之后废弃物的减量化。这也是当前面临的巨大挑战之一，如电子商务发展之后快递包裹产生的巨量包装物等。制造企业需要与客户合作，通过前端设计减少产品的包装，打造产品使用后的逆向物流，这样更利于回收。2016年，国家邮政局出台了《推进快递业绿色包装工作实施方案》，提出以绿色包装为切入点，推动包装的标准化、减量化、可循环、可降解等工作。工业和信息化部、商务部也发布了《关于加快我国包装产业转型发展的指导意见》。2017年，在浙江省"两会"上，浙江省政协委员、阿里巴巴首席人力官（CPO）、菜鸟网络董事长童文红建议，加快推进国家强制标准出台，使全行业都用上绿色包装；政府、企业合力加大推广力度，逐步建立生产者、经营者和消费者对绿色物流的认同支持；改变包装标准不统一的局面，真正让完全可降解材料成为绿色包装的统一标准。

（二）再利用维度

再利用表示诸如产品、零部件在不做任何改变的情况下重复使用次数超过一次。在绿色供应链管理实践中，再利用得到了广泛的体现，如绿色采购、生态设计、与客户的环境合作及逆向物流与资源再生，涵盖了产品的生产前和使用后两个阶段。通过与供应商开展合作，绿色采购被认为能最大化再利用产品的价值。生态设计同样也是再利用原材料和零部件的有效手段，其通过标准化产品零部件，使它们能够被重复利用，以最小化废弃物的产生。与客户的环境合作是开展产品再利用的必要环节，客户对再利用产品的认可度决定了再利用的成效。此外，逆向物流体系的建设为产品使用后从使用者到生产者（或原材料商）的回收再利用提供了保障。

（三）再循环维度

再循环涉及一系列的过程，包括收集、分解、分类和处置产品或原材料作为二次利用，这种利用是在原有产品和材料已经失去了原有的特征或功能之后的较低层级的应用。回收利用是提升制造业生产过程中绿色程度的有效途径。再循环是循环经济最常见的实践手段，是一个系统性过程，依赖整个供应链。再循环将正向供应链和逆向供应链连接起来形成了闭环。面向再循环的生态设计决定了最终产品回收再利用的可能性和便利性。为实现这一目标，生产者在设计产品时首先考虑的是原材料是否容易回收再利用，使最终的循环过程更有效率。已有研究者通过实证分析得出生态设计对环境绩效有正向影响，它能够提升末端产品的循环利用。再循环的过程同时涉及绿色供应链管理的上下游实践。绿色采购考虑到供应商是否有能力或意愿进行原材料的回收再利用，在进行绿色供应商选择或绿色供应商发展的过程中，可以将此作为标准或依据。逆向物流则要保证末端的产品能够被搜集和流向供应链前端。因而逆向物流的目标是将末端使用后的产品或零部件回收再利用，通过构建回收体系来实现。此外，成本作为一个非常重要的考量，回收网络建立的前提是能够获得经济效益。

（四）再生维度

再生被认为是一种增加价值的实践，也是绿色供应链管理实践的一部分。过去，生产厂商并没有责任和义务通过填埋或焚烧来处理使用后的产品去处置消费者使用后的产品。在实际操作中，再生往往是指能源再生，人们通过各种废物转化为能源的过程，包括燃烧、气化、热解、厌氧消化和垃圾填埋场气体回收，将不可循环利用的废物转化为可用的热、电或燃料等。

（五）再制造维度

再制造被定义为"产品重新建造的过程，在此过程中，产品被清洗、检查和拆卸；更换有缺陷的部件，并对产品进行重新组装、测试和检验，以确保产品符合或超过新制造的产品标准"。此外，再制造要优于再利用和再循环，因为它不会降低产品或部件的整体价值，而面向再制造的设计可以提升回收效率和拆卸的便捷性进而降低成本。当前很多行业已经形成了再制造的产业化，如货车及飞机发动机、办公电子耗材等。在闭环供应链体系中，回收的产品经过再制造过程，既产生了环境效益又有显著的经济效益。

综上所述，逆向物流既是绿色供应链管理的重要实践，同时也是循环经济的重要实践内容。生态设计对于两者的作用同样显著。在现实的管理活动中，如何激励企业持续开展生态设计，将产品设计和末端废弃物管理进行有机整合仍然面临着较大的挑战。产品生命周期评价被认为是开展这些设计活动最基本的前提条件。对企业而言，在有限的资源条件下，生态设计聚焦在哪些方面也是值得探索的，甚至不同的设计活动之间会存在一定的冲突。例如，减量化设计可能会给再循环设计带来难度。再制造作为一个新兴的热门领域，受到的关注逐步增多，被认为能获得经济和环境的双赢。但是，不确定性已成为人们再制造时所面临的巨大挑战之一，它既来自消费者对再制造产品的接受程度，也来自废旧产品的回收。生产者责任延伸的实施能从某种程度上促进再制造产业的发展，使末端产品的回收更有保障，生产企业也会深入考虑回收之后的再制造。在欧美日等发达国家中，生产者责任延伸制相对比较成熟，而在大部分发展中国家还没有建立起相关制度，中国当前针对4类产品开展了生产者责任延伸制试点。中国政府鼓励再制造的开展，并为此提供了一定的补贴。

二、循环经济视角下的绿色供应链：循环供应链及其主要实践内容

国内外学者对循环经济和绿色供应链管理之间关系的研究的关注度越来越高。但从当前的研究现状来看，只有少量研究做了一些初步的探

索。例如，肖序和曾辉祥讨论了可持续供应链管理与循环经济能力之间的关系，认为从循环经济视角下考虑绿色供应链管理是实现整条供应链环境、经济和社会效益的重要途径，并指出在供应链管理中，应该重点要求供应链各个节点（采购、生产、运输等）遵循"减量化、再循环、再利用"的3R原则。Aminoff和Kettunen从供应端循环的视角探讨了循环经济中的可持续供应链管理，强调了与客户和供应商的合作能够促成和保持使用后的产品、零部件和材料循环起来，形成闭环的循环经济价值创造模式，而平衡正向和逆向供应链并保障统一的材料质量是成功的关键。有学者指出，现有的供应链特征无法支撑其向循环经济的转换，其中最主要的障碍在于供应链固有的线性结构。产品的复杂程度过高和供应链较长都会给物质循环和资源再生带来挑战。国内学者针对不同循环经济层面，提出了3种供应链管理模式。第一，在企业层面上，以循环经济的原则来设计和改良生产工艺流程，减少原材料、能源和废弃有毒物质的排放，最大限度地循环利用生产系统中的物质和能量。第二，在园区层面上，依照工业生态学基本理论，构建产业园区，形成园区内的产业共生，包括园区企业间的物质、能量和信息的集成，以园区为系统进行优化，使资源投入最小，实现园区内废弃物的"零排放"。第三，在社会层面上，综合考虑整个社会的物质大循环，其基本的核心在于形成完善的回收体系，提升整个社会废旧物品和资源的回收利用率。这需要政府的统筹规划，构建有效的管理手段，实现回收过程的信息化和标准化。

2019年，Farooque等学者定义了循环供应链管理，他们以实现"零排放"为目标，将循环思维融入供应链及其周边工业和自然生态系统的管理之中，即采用系统性技术恢复产品、零部件和材料，并通过整个系统的商业模式创新和供应链功能创新，实现从产品/服务设计到末端以及废物管理的协同；涉及产品/服务生命周期的所有利益相关者，包括零件/产品制造企业、服务提供者、消费者和用户等。循环供应链从再生的视角对绿色供应链进行了强化。人们对已有的研究总结得出了循环供应链的主要特征如下。

①内部自身的循环优先于外部，如再利用和再制造优先于再循环。

②减慢循环周期，如利用资源的时间越长越好。

③在产品生命周期的各个阶段更加注重减少废弃物的产生。

④尽可能地减少资源使用，促进资源的再利用、再循环和再生。

闭环供应链从通过逆向回收产品和包装材料，到生产者恢复使用价值，以此提升环境绩效。闭环供应链在节约材料、劳动力、能源和废弃物方面都有显著的效果。但是，因为闭环供应链的活动是基于传统供应链的生产企业而展开的，不涉及供应商及其他的辅助成员，在闭环供应链上广义的价值恢复仍然存在局限性。这也导致了闭环供应链仍旧产生了一定数量的废弃物，而这部分废弃物无法在现有的闭环供应链中得到再利用和再循环。

循环供应链恰好能克服单条供应链的局限性，它通过与其他工业企业或组织开展工业共生合作，为进一步消化处置这些废弃物提供了更多可能性。在理想情况下，循环供应链将产生零浪费，因为它的设计是为了系统性实现其所在的工业和自然生态系统中的资源的恢复和再生。主要资源流向指的是正向供应链中的产品的流向，循环资源流向是指供应链中产品、材料和能量的再循环、再利用、再生、再制造等。在实践中，对于循环供应链管理人们致力于开展全系统的创新，从传统的"废弃物"中恢复价值，进而实现"零废弃物"。例如，回收 PET 瓶可用于建筑，轻混凝土被装入瓶子中，为房屋创造隔离墙。同样地，制造企业可以通过循环纺织材料，生产建筑绝缘材料。

正如前面所言，循环供应链的实践层次主要集中在微观层面，以企业或行业为基准通过循环经济的思想和原则促进价值链的形成。下面将从设计、采购、生产、物流、消费及废弃物管理等方面介绍循环供应链的主要实践内容。

（1）设计。

通过对当前循环经济实施案例的分析，Kalmykova 等人得出的结论是，价值链的"回收、消费和使用"部分受到了最多的关注，而"制造、分销和销售"则很少涉及循环经济的实施。循环经济中产品和服务的设计对促进材料和能源的循环有着重要的作用。基于循环经济和可持续发展理念，产品／服务设计功能需要从根本上改变，因为产品／服务设计对整个产品／服务的价值链有很大的影响。可持续包装设计和产品标签都被认为是产品循环设计过程中非常重要的部分。设计者需要综合考虑环境、经济和社会的影响，采取全面系统的方法来开展设计。这就需要改变传统的设计思维，以设计符合循环经济内在标准的产品来实现面向循环经济的转变。

此外，在创造没有废弃物的世界中，化学过程起着非常重要的作用，是产品创新的基础（面向再利用、再循环或者可再生原材料的更新等）。已有的关于生态设计的文献主要围绕如何实现闭环供应链，或者聚焦在延长产品的使用寿命这两个核心点展开。最近几年，在许多工业部门，人们采用可拆解设计的情形有所增加，其部分原因是因为技术进步，除了满足产品生产者责任延伸制的规定之外，还节省了成本。可拆解设计不仅可以在产品末端进行可拆解创造价值，也可以在产品的使用和维护、维修过程中带来价值（易拆解来更换零部件等）。例如，采用可拆解设计的方法来减少汽车仪表盘中不相容的聚合物的数量，更易于机械分离和回收，而不用化学分离方法。这种设计思想还被应用在诸如计算机制造和其他关键材料的管理中。

（2）采购。

在采购活动中融入循环经济思想会重新定义产品的价格、质量等。循环经济要求采购的原材料能够从技术上可恢复或者可再生，由此不会对环境产生任何负面影响。在已有的研究中，关于绿色采购的研究较多，但是以循环经济思想指导采购活动的研究非常少。Witjes 和 Lozano 基于循环经济准则提出了一个公共采购框架，包括技术和非技术产品／服务规范。该框架为通过回收和减少废物产生来减少原料的利用和提高资源效率提供了指导方针。将循环经济思想整合到供应链管理中，被认为是能够有效管理的关键。有学者引入弹性指标去刻画关键材料供应链中断风险的弹性。但遗憾的是，很多企业没有足够的能力、资源去追踪这种动态的、复杂的过程。因此，应采用循环策略（再循环）、精益原则和多样化策略等来降低原材料采购中的脆弱性。

（3）生产。

循环经济在制造过程的作用和体现更明显，制造过程中减少资源能源的消耗成为当前可持续发展保持竞争力的关键所在。制造业已经通过在其供应链中采用可持续生产实践和循环经济来减轻环境风险。在此背景下，绿色制造作为可持续发展的战略模式已被广泛认可，它结合了环境保护、资源和能源节约、减少浪费及生产经济等原则。绿色制造实践从长期来看不仅能节约成本，而且能提升品牌形象、合规性及投资者的收益。但是从短期来看，绿色制造可能会大幅增加运营成本，这也使很多企业望而却步。为了在减少工业废物的产生、资源的获取和消耗、能源需求和碳排放前提下提高材料的利用效率，制造型企业需要采取多种方法和策略。绿色制造和清洁生产是提升循环经济背景下材料利用效率的最常用的两种方式。在已有文献中，清洁生产的内涵包括了绿色制造，因为它不仅涉及生产过程，同样还涉及服务活动。清洁生产被认为是不仅关注人们的需求，同时还关注环境保护和节能减排的生产方式，其中还包括禁用非再生和有毒有害物质的使用。简而言之，清洁生产旨在提升经济效率的同时减少生产过程对人类和环境带来的伤害和风险。清洁生产被认为是循环经济微观层面的重要活动，也是绿色供应链管理实践内部环境管理的组成部分。虽然《中华人民共和国清洁生产促进法》从2003年1月1日就开始施行，我国也开展了多轮对国家控制排污量（简称"国控"）企业的清洁生产审核，但仍有部分企业没有开展清洁生产。例如，有学者指出，立法和经济效益上的障碍阻碍了中国建筑企业去开展清洁生产实践。

（4）物流。

来自客户和政府法规的压力迫使企业重新设计物流网络以使其更加环保。绿色物流在概念上已经有了非常清晰的定义，即考虑到环境和社会因素，以可持续的方式生产和分配货物。绿色物流需要测量各种配送策略对环境的影响、减少与物流有关活动的能源需求、减少浪费和处理剩余废弃物。传统物流的重点是寻求组织产品的正向配送，即从供应商到客户的交通、仓储和库存管理。此外，逆向物流在实现可持续发展方面也发挥着关键作用。物流活动中最能体现循环经济思想的就是逆向物流，它起着桥梁作用，将废弃物返至生产企业乃至客户，进而实现循环利用。

（5）消费。

循环经济的理念不仅体现在生产端，而且对消费模式也具有指导意义，也就是可持续消费提倡的将有价值的产品再利用，减少浪费和废弃物产生。全球手机市场上，厂家与消费者合作，将回收淘汰下来的手机进行再制造，能够大大提升资源利用效率。现在各个国家出现了不同的模式，英国鼓励消费者返回淘汰的手机和使用翻新手机；在德国，消费者对翻新产品不太了解，导致消费者的积极性并不高，澳大利亚开展了以旧换新和维修等业务。2017年，苹果公司宣布了一个目标，即所有产品都将使用可回收或可再生材料。2019年8月19日，《财富》杂志报道，苹果公司在美国奥斯汀的一个工业园区里，开发复杂的"变废为宝"的自动化机械系统——"黛西"（Daisy），这个系统是前一代机器人"利亚姆"（Liam）的更新版，通过结合自动化与人性化操作，可以从原本无法使用的iPhone中分离出纯塑料、金属和玻璃碎片。研究者对上述现象进行总结指出，向循环经济的转变需要消费者行为的改变，这可以通过增强消费者意识和可持续发展理念的宣传和教育来实现。然而，人们产品设计功能，使其更优。例如，有厂家正在试图设计和生产完全可修复的手机，这可能会从根本上改变消费者的态度。Wang和Hazen研究中国汽车工业的发现，关于再制造品成本、质量和绿色属性的信息会影响消费者对风险和价值的感知，进而影响消费者对再制造品的购买意愿。Cas-tellani等人以一间二手物品商店为例，运用LCA方法，量化再利用物品所带来的环境效益。他们发现，通过在包括服装、家具等许多行业中采用可持续的消费方法（重复使用），有可能避免潜在的环境影响。

（6）废弃物管理。

废弃物管理是循环经济中很重要的环节，包括前文提到的循环经济实践中的减量化、再利用、再循环、再恢复和再制造等。了解经济活动和废物产生之间的关联性有助于实现循环经济目标。废弃物管理面临的挑战前文也有提到，一是如何回收的问题，二是回收之后相对应的处理技术是否能达到要求等。因此，很多研究会探讨电子电气产品的WEEE指令和生产者责任延伸制对整个回收体系、废弃物管理的影响。

三、循环供应链的商业模式与价值创造

当前可持续发展越来越聚焦于从线性供应链模式向闭环供应链模式

的转变。

其中，循环经济中重要的思想或实践，如再利用、再制造和再循环，已经成为常规的实践手段。当然，正如前文所述，一家特定的企业是不能实现整个供应链循环的，它需要供应链上所有的组织与其他来自相似和不同行业的利益相关者的参与。这个组织商业模式的变化将会对整个供应链中其他组织的商业模式产生影响。基于循环供应链的商业模式，企业需要通过提升回收、再利用和再制造的效率来更好地利用有价值的零部件、材料、能源和其他有价值的资源。基于循环经济的商业模式以创造价值，其可能的来源可归纳为4类，分别是内部循环、延长循环利用时间、梯级利用和纯粹的循环。因此，逆向物流是循环商业模式中最重要的组成部分之一。

基于卖产品的同时，企业还要注重卖服务的产品服务系统商业模式，以期能提升供应链中的循环利用效率。产品服务系统之所以被认为是一种潜在的可持续商业模式，是因为它有潜力去减少产品整个生命周期之中的生产和消耗。为了实现循环经济，制造企业或零售商必须转变为"功能性服务模式"，即顾客购买服务或产品的使用功能，而不再是购买产品的所有权，即"卖服务不卖产品"。生产厂商对产品拥有所有权，因而有更大的动力来通过各种方式延长产品的生命周期，并通过设计增加产品的重复利用率和再制造率，而这其中的根本在于生产厂商是对产品最了解的一方。

3种类型的产品服务商业模式，分别为产品导向型、使用导向型和结果导向型，而它们对循环供应链的影响主要通过以下4种价值创造的来源实现。

①内部循环，即通过生产、再利用及翻新等内部环节，以及再循环、再制造等外部环节，最大限度地减少物料使用及成本。

②延长循环周期，即尽可能增加循环利用次数和延长产品的使用寿命。

③梯级利用，遵循废物即是原料的逻辑，通过共生的方法针对使用过的产品开发出不同的用途。

④纯粹的循环利用，需要注意的是，应采用无污染的物料流，提高

再分配效率和物料的生产效率。

这4类价值创造的来源是与生命周期末端战略高度相关的，同时也与产品服务系统商业模式是契合的，因为产品服务系统已经将价值创造从产品的生产阶段延伸至整个生命周期。

相对于以产品为基础的传统商业模式，3种新型的循环供应链商业模式能够创造更大的价值。

（一）产品导向型的产品服务系统模式

在产品导向型的产品服务系统模式中，相关企业在产品使用阶段提供技术服务。相对于以产品为基础的传统商业模式，产品导向型的产品服务系统通过定期的维护和维修来延长产品的寿命。供应商和客户都有很强的动力鼓励以这种技术服务，因为它既增加了供应商的服务收入，又降低了客户建立自己的服务团队的成本。供应商提供技术服务的优势在于，供应商比客户或其他第三方企业更了解自己的产品，能够提供更专业的服务。

（二）使用导向型的产品服务系统模式

在使用导向型的产品服务系统中，供应商向客户出租产品并提供技术服务。与传统的商业模式和产品导向型的产品服务系统模式相比，租赁项目对使用过的产品进行再利用、回收、再制造和循环利用的周期更长。其原因是企业保留了产品的所有权，并被鼓励尽可能延长产品寿命和从生命周期末端产品中获取价值。客户使用产品的时间越长，供应商从租赁中获得的收入就越多。

（三）结果导向型的产品服务系统模式

以某园区内的燃气企业为例，该企业销售工业气体而不是气体发生器。企业没有生产和销售设备给客户，而是在离客户很近的工业园区建立了自己的燃气工厂。企业成为气体发生器的实际用户，生产的气体被分配到工业园区的各个客户。这样在维护、维修、再利用、恢复、再制造和回收上的能力比传统的商业模式、产品导向型的产品服务系统模式和使用导向型的产品服务系统模式强得多，因为燃气企业可以控制气体发生器的使用阶段。此外，该企业还通过副产品创造了价值（氮气是生产氧气中的副产品）。气体的潜在价值以前被客户忽视（因为客户没有充分利用气体的专门知识），现在这种价值被制造企业以结果导向型的产品服务系统的商业模式而获取。通过这种方式，制造企业将产品的潜在价值内在化，并激励其最大化产品的价值。这也适用于副产品的价值最大化。在这种商业模式下，制造企业有更大的动力去增加气体的使用。它为不同的客户提供不同的气体，在高峰和非高峰时间协调客户使用气体，因此减少了废气的产生。在这个商业模式中，制造企业不仅建立了产品（气体发生器）再利用的内部循环，还建立了产品（气体）再利用的内部循环。

在实际的应用中会产生一些差异的根本原因在于各类商业模式中的循环内容都与产品的所有权相关。制造企业保留了对以使用为导向的产品服务系统和以结果为导向的产品服务系统的所有权，对产品的生命周期有很强的控制能力，因此更有动力从整个产品生命周期，甚至产品的产品中创造价值。因此，制造企业有责任和动力减少使用中的产品对环境的影响，特别是当这些影响到经济价值的时候。对于其他的产品服务系统商业模式，这些问题都是客户的责任。例如，在基于产品的模型中，制造企业没有详细的使用信息，因为信息是由客户控制的。因此，基于产品所有权特征，面向使用和结果的产品服务系统业务模式更适合于循环供应链的发展。

相较于传统的线性商业模式，基于产品服务系统的模式能真正促进物质的再使用、再恢复、再循环和再制造，真正做到"吃干榨尽"。生产企业在对产品保留所有权的前提下，势必想尽办法从整个生命周期的角度去寻找创造价值的机会。对于客户而言，他不需要再去购买一个产品，为其后续的维护、处理负责，通过租赁的形式来使用其功能即可。此外，产品服务系统的商业模式会要求设计者在设计之初就要考虑产品的可持续性、可拆解及后续的循环利用等各个方面。

四、循环供应链治理的指标框架

每条供应链都与资源消耗（材料、能源、水）和废物产生（空气、液体和固体废物）相关，以服务于最终客户，及管理生命周期结束的产品废物。有一些指标可以衡量产品供应链中每个阶段的绩效，这些指标以绝对数字显示总的材料消耗和废物产生量。供应链的每一个阶段，从原材料的开采到产品的生命周期管理，都与产品供应链的整体循环密切相关。每个阶段都有一套不同的绩效指标。闭环供应链的绩效应该从整个供应链的清洁生产、资源效率、生态效率、再利用和再制造，以及减少浪费等方面进行衡量。循环供应链大致可分为上游和下游两个阶段。上游阶段包括采矿、材料加工和产品设计，下游阶段包括产品生产、使用和末端处理处置。对于上游供应链，可以使用产业共生和生态视角来衡量绩效；对于下游供应链，可以使用零浪费或零排放视角来制定供应链各阶段的衡量指标。

（一）循环供应链的上游部分

循环供应链从生产系统的设计阶段开始。如果产品或生产系统在设计时没有考虑产品生命周期末端的处理处置，就无法确保废旧产品的大量回收、重复使用、再制造和修理。为线性供应链设计的产品不能在实践中实现供应链循环。设计产品时考虑减少资源的投入，用绿色/可回收和无毒的材料代替原始材料，增加产品可再制造性、可重复使用性和可回收性的潜力，都是线性供应链向循环经济转变的关键。一些研究人员指出，产品设计应经久耐用，因为频繁的产品周转会导致材料的浪费。这些设计策略通常基于12个绿色工程设计原则，以提高单个产品的环保性能。这些上游实践旨在管理企业内部的制造过程和工业废物。在产业共生状态下，一家企业的废物可以成为另一家企业的原料。丹麦的卡伦堡生态工业园区就是这样一个例子。在工业园区中，农场、水泥制造企业、炼油厂、燃煤电厂和化学合成单元位于地理位置和功能相近的地方。通过产业共生以最小化一个企业所产生的废弃物，同时为整个园区企业生产有用的产品和提供基础服务，如热、水泥和精炼石油产品。其他实践包括提高工厂的能源效率和使用可再生能源，及减少产品整体的碳足迹。

（二）循环供应链的下游部分

下游是面向客户的部分，在供应链闭环中起着非常重要的作用。此外，在下游供应链中，出现了许多新兴的商业模式。如上节所述，这些新兴的商业模式挑战了传统的基于产品所有权的商业模式，重新定义如何使用产品来提供服务。这些商业模式有效地使用产品，并最小化提供相同级别服务所需的产品数量。这些商业模式是不断增长的经济体的一部分，被称作共享经济、协作消费、产品服务系统和P2P模式。共享经济的实践包括产品租赁、维修、共用和共享。应用这些模式的产品包括自行车、汽车和其他家庭用品，如书籍、电动工具、冰箱和洗衣机等。由于这些以服务为导向的实践具有促进资源效率和循环发展的潜力，因此受到人们越来越多的关注。有许多产品只在非常有限的时间内使用，但这些产品的制造涉及大量的资源消耗和重大的环境影响。例如，在许多发达国家，汽车平均只使用5%~10%的时间，这种昂贵的产品在90%的时间是处于停放状态。同样，家用电动工具使用一次的时间可能只有10min，但制造它们需要消耗大量的资源。因此，如果消费者只是"购买"或"使用"产品提供的服务，而不是拥有产品本身，那么产品可能会被更频繁和更有效地使用，从而减少整体资源的消耗。从所有权到服务型商业模式的转变可能会促进负责任的消费和生产，联合国制定的17个可持续发展的目标之一也为创建循环供应链做出了贡献。在针对产品生命周期末端管理的讨论中，最常被讨论的做法是产品的再制造，修理和重复使用产品的某些部分，以及在产品/部件的使用寿命结束后对这些产品/部件进行回收和再利用。

（三）整体供应链的复杂性

供应链正变得越来越复杂。供应链复杂性的来源主要包括改变产品的设计参数（产品使用寿命跨度和特征）、参与者网络的增长（更多的供应商、经销商和消费者）、日趋严厉的法规环境、全球化的趋势、先进技术和创新，以及不断变化的消费者需求等。其他因素，如资源可得性下降和环境问题日益严重，再制造和回收也增加了供应链的复杂性和不确定性。供应链的复杂性是构建循环供应链中一个十分重要的指标。虽然一个由多个参与者参与的复杂的供应链网络可以承担很多的功能，完成很多目标，但是复杂性的不断提升也给很多企业管理或优化它们的供应链网络带来了困难和挑战。供应链中大量的参与者也增加了不确定性，降低了供应链的效率和有效性。随着复杂性的增加，企业的供应链治理的决策过程更分散，并可能产生高昂的治理成本，如对闭环供应链的治理。正如Serdarasan所言，任何成功的供应链管理在实质上都是成功地管理了供应链的复杂性。因此，客观地说，循环供应链治理就是管理循环供应链的复杂性。采用复杂性较低的循环供应链模型，可以提高其治理的有效性和效率，从而提高供应链整体的循环性能。

（四）用于衡量循环供应链治理的供应链运营参考模型

人们基于供应链协会提出的供应链运营参考（SCOR）模型，提出用于衡量循环供应链治理的模型。SCOR模型是作为描述、度量和评估供应链的过程工具而创建的。SCOR框架有五大流程，即计划、采购、制造、配送和回收。这些过程包括组织间和组织内的功能，并作为描述、沟通、实施、控制和测量复杂供应链过程以获得良好绩效的战略工具。SCOR框架包含了4个级别的流程细节。第一级定义供应链（包括以上五大流程）的范围和内容。第二级根据不同的流程，明确其包含的运营过程。第三级将运营过程进一步细化为具体活动。第四级定义了供应链的实施阶段。为了有效实现循环供应链治理，"计划"侧重于产品和服务的生态设计方向，为拆卸、再利用、翻新、再制造和回收提供空间，基于共享经济原则的创新型商业模式降低了资源的整体消耗。"采购"过程为原材料的可持续采购奠定了基础。采购商和供应商之间顺利的合作，确保了整个采购过程最大限度地减少原材料的消耗和废物的产生，并能开发出新型和创新的商业模式。"制造"包括新的和创造性的制造过程，以减少材料消耗，体现能源消耗的最小化。循环供应链管理的"配送"过程包括重新设计物流、销售和配送功能，通过共享和减少整个进出物流链的浪费来降低成本。"回收"过程与循环供应链最为相关，因为它包括逆向物流、可再利用、再制造、回收和报废处理等活动。

（五）循环供应链的三维策略

向循环经济的转变需要多方面的变化，若要成功地过渡到循环供应链需要重新设计产品，降低供应链的复杂性，采用创新的商业模式，并不断关注向循环经济转变的进展。因此，要实现循环经济的目标，单一的战略是不够的，需要多种战略的结合。目前，循环经济的主要关注点是通过产品的再设计来逐步提高效率，即提高产品的可再制造性、可再使用性和可回收性，最大限度地利用绿色原材料，最大限度地减少原始材料的使用。成功地转向循环供应链不仅需要重新设计产品，还需要设计一个有效的供应链来处理逆向物流。企业必须发展传统的供应链，以促进供应链的循环，而不能只从一个方向设计提升现有供应链的容量。循环供应链是3个层面的组合，即创新的商业模式（战略层面）、产品设计或生态设计（战术层面）和有效的供应链管理（运营层面）的组合。

五、循环供应链实施：以轮胎循环供应链管理为例

循环供应链应用最普遍的就是生命周期末端产品的再利用、再生、再制造及再循环等。在中国当前的环境下，已经实施或即将实施生产者责任延伸制的产品都会涉及循环供应链如何形成、如何管理的问题。本节中笔者以比较突出的中国废旧轮胎处理问题为例，深入剖析在构建轮胎循环供应链中存在的障碍及其原因，并借鉴国际成熟的做法，提出符合中国国情的轮胎循环供应链实施方案。

自2009年起，中国已经成为世界上最大的轮胎生产国、消费国和出口国。同时也产生着数量最多的废旧轮胎。中国橡胶工业协会统计数据显示，2018年产生废旧轮胎数量为3.8亿条，约1600万吨，且保持每年8%左右的增速。这些数量庞大的废旧轮胎，已经被证实有多重经济用途，在中国已形成产业化，例如，回收的废旧轮胎中70%用于生产再生胶和胶粉，能作为橡胶制品的原料，替换部分天然橡胶减少其消耗量。我国是高度依赖天然橡胶进口的国家，因此再生橡胶能在一定程度上减轻天然橡胶的进口压力。其他的再生轮胎的用途还包括轮胎翻新、热裂解等。相比较而言，健康和环境问题仍然是政府和公众对于废旧轮胎最大的担忧。传统的、简单的将其作为固体废弃物填埋和焚烧，以及落后工艺、落后产能的处理处置，都会产生"二次污染"，空气、水、土壤等都会受到影响，也就是人们所说的"黑色污染"，尤其是臭名昭著的"土炼油"法，由于其成本低、过程简单，有利可图，在我国屡禁不止，对环境造成的损害极其严重。人们即使将废旧轮胎丢弃或者露天堆放，也存在着污染和火灾的风险，如加拿大1990年发生在安大略省的黑格斯维尔火灾，焚烧掉了1200多万条轮胎，对空气、水和土壤都造成了严重的

污染。然而，中国当前的废旧轮胎正规利用率不足50%，与欧美发达国家的90%整体处理率相去甚远，且仍处于下降趋势。在环保法规严格之前，中国废旧轮胎正规利用率呈上升趋势，在2015年达到了50%。但随着环保执法严格之后，相当大数量的废旧轮胎处理企业关停和倒闭。例如，2018年，在南通的13家再生胶企业中，2家被停产整改（产能大于1万吨），11家被强制永久关停（产能小于1万吨）。这就导致了超过半数的废旧轮胎要么被丢弃、要么被堆放、焚烧或者流入非法处理渠道。从长远来看，这部分废旧轮胎仍然会对环境产生持续性危害。此外，这些轮胎因为资源闲置，还会造成经济损失。再生胶是对进口天然橡胶的补充，再生胶的减少会产生较大的天然橡胶进口压力。从当前世界范围内废旧轮胎的处理情况来看，最理想的是通过正规、环保化的处理——资源化，在解决废旧轮胎环境问题的同时创造经济价值。

如何有效解决这些废旧轮胎带来的环境问题已经引起了中国政府的高度重视，其中的关键在于如何提升废旧轮胎的回收率，以及正规化的循环利用率。近年来政府出台了多项文件、政策，试图通过实施生产者责任延伸制度来解决以上的关键问题。一是加大环保执法力度，禁止填埋和焚烧废旧轮胎，加大对落后工艺和产能非法处理企业的打击力度。二是鼓励开展生产者责任延伸制度，如2016年12月21日，工业和信息化部、商务部、科学技术部联合发布了《关于加快推进再生资源产业发展的指导意见》，要求在2020年建成以废旧轮胎为代表的八类重点领域的再生资源产业体系，同时要求推动相关法律制度建设，加快再生资源产业发展法制化进程，探索生产者责任延伸新模式，建立健全生产者责任延伸制度。2017年10月5日，国务院办公厅在《关于积极推进供应链创新与应用的指导意见》中要求落实生产者责任延伸制度，重点针对轮胎等五大产品，优化供应链逆向物流网点布局，促进产品回收和再制造发展。2019年1月10日，国家发展和改革委员会在征求《关于构建轮胎领域生产者责任延伸制度的实施方案》的意见函中明确了各个主体的责任。将废旧轮胎回收处理的责任转移到轮胎生产企业，基于以下3点考虑：一是中国作为最大轮胎生产国，积累了足够的轮胎生产技术和经验，可通过前端的设计减少轮胎的废物产生、有毒有害原材料的使用，增强末端处理处置的便利性和可追溯性；二是通过循环供应链，以生产者为核心来影响下游的经销商来共同构建完善、全面的正规回收网络，提升废旧轮胎的回收率；三是通过合作提升处理企业技术能力，突破轮胎回收利用关键核心技术，提升3R的整体利用水平（Lifset等，2013）。简而言之，就是希望在生产者责任延伸制度的指引下，建立有效的循环供应链来实现废旧轮胎的回收、处理、再利用等。

废旧轮胎从产生、回收到3R处置，再作为原材料或产品返回到橡胶市场，突破了单个企业或园区，从行业的角度构建了更大范围内的循环供应链。按照国际经验，同样也可以在不同的区域内，基于某些大型的组织分别形成独立的循环供应链体系。但是，当前中国轮胎整体的循环供应链并没有得到有效的运转，仍然存在很多的障碍因素。因此，我们需要从生命周期视角考虑各个利益相关者，剖析轮胎循环供应链有效运行的障碍及其产生原因，这样才能提出相应的对策建议，以促进轮胎循环供应链真正发挥作用。按照国家发展和改革委员会的征求意见函，结合废旧轮胎管理的现状，涉及的利益相关者可以界定为轮胎生产企业、轮胎销售商、终端用户（个人和组织）、循环型企业、行业协会及政府。轮胎生产企业的责任主要体现在从设计端考虑轮胎生命周期末端的处理处置，包括采用环保型原材料，考虑可拆解、再制造性能，并且依照"谁生产谁处理"的原则承担起循环供应链体系的建设成本。

此外，需要建立完善的信息统计机制，能够对每一条生产的轮胎进行追溯，为构建整个循环供应链数据库提供基础。

对于轮胎销售商而言，其主要责任体现在对废旧轮胎的回收上，而当前废旧轮胎面临的主要问题之一就在于正规回收渠道不足，小商小贩承担了主要的回收责任，但这样就增加了回收的不确定性。在市场环境不佳的时候，他们可能会放弃回收，而且回收的轮胎相当大一部分流入了非法处理渠道。正规回收渠道在和小商小贩的竞争中没有任何优势。因此，需要明确轮胎销售商的回收责任，同时构建相应的信息管理体系，能够对销售、回收的轮胎都有相应的记录。

对轮胎的终端消费者而言，其责任在于将使用后的轮胎或更换的轮胎送到正规的回收点，不得随意处置废旧轮胎。为了保障终端消费者有意愿并主动返还废旧轮胎，需要考虑采用合同的形式对其进行约束。废旧轮胎处理处置的行动者包括回收点、分解和轮胎处理企业、再生和循环企业等。这部分企业作为循环系统中的"分解者"，首先要确保整个流程必须符合环保法规的要求，避免产生"二次污染"，对废旧轮胎进行资源化和无害化处置。此外，它们需要保证生产的产品质量。行业协会应该对整个行业有清晰的认识，规划并组织所有企业共同构建循环供应链体系，引导行业的健康发展。政府在整个体系的构建及运行中起的作用十分重要，首先是规划引导，从政策层面上进行宣传并引导相关企业参与，例如，将废旧轮胎的回收整合到城市废弃物的回收体系中或是与城市发展规划相衔接，并出台相应的政策规定支持行业发展。其次是鼓励当地企业采用更先进的循环技术和设备，例如，热裂解工艺、连续脱硫罐等，同时需要支持翻新轮胎的应用和废旧轮胎衍生产品在其他领域的应用等。最后是强化执法监督，继续打击"土炼油"等非法的、污染严重的生产方式和违规作坊的聚集区。

针对中国轮胎行业循环供应链管理现状提出的管理框架，从回收阶段、处理阶段、销售和使用阶段及协调阶段来梳理核心障碍。

（1）回收阶段。

中国的机动车辆越来越多，但是对于每年消耗多少轮胎及产生多少废旧轮胎仍然没有准确的数据。现有的数据仍然停留在估算阶段，并且各个口径估算出来的结果差距较大，无法为政府或企业的管理决策提供可靠的数据支持。因此需要构建可以追溯轮胎整个生命周期的信息统计体系，一是为落实企业生产责任制提供依据，二是能够准确追溯废旧轮胎的流向，便于后期的有效处理。

此外，废旧轮胎正规回收量有限，制约了下游的正规化处理，正规回收企业无法形成规模效应，回收成本较高。小商小贩受利益驱动，随着价格的涨跌决定是否参与回收，并且一部分回收轮胎流入了非法的处理渠道。回收渠道的不完备直接导致了循环供应链管理的效率低。当前没有制度或机制要求终端用户将使用后的轮胎主动交换至正规的回收企业，而正规回收企业面临小商小贩的竞争，还需要缴纳税收。我国没有像国外实施针对废弃轮胎处理的生态税，来补贴正规回收企业，进一步增加了正规回收企业在废旧轮胎回收过程中的成本，使其没有足够的竞争力。

（2）处理阶段。

目前，中国政府已经出台了促进废旧轮胎综合利用的税收优惠政策，针对生产翻新轮胎、再生橡胶和废橡胶的企业，增值税减半征收，即征即退。遗憾的是，这项税收优惠政策还没有完全实施。根据中国橡胶工业协会的调查，50家符合条件的企业中有一半仍然没有收到退税的原因包括缺乏相应的材料证明、审核程序的烦琐等。中国轮胎循环利用协会在《中国轮胎循环利用行业"十三五"发展规划》中明确指出了未来我国废旧轮胎发展的4个主要方向，包括再生胶、再生橡胶粉、热裂解和翻新。由于缺乏先进的技术和设备，当前我国废旧轮胎的处理处置主要还是集中在生产再生橡胶和再生胶粉上，另外两类的比例非常小。但是再生胶和再生胶粉的生产过程涉及脱硫工艺，极易形成二次污染，也是属于环保部门重点监控的对象。近年来，各地政府加大了对这类再生企业的整治，生产技术不达标或产值规模较小的企业都被强制淘汰，如南通的13家再生胶（胶粉）企业被关停整改，部分被永久性关停。先进的技术和设备成本较高，但是再生类企业的资金并不充裕，故而能够采用符合要求的技术和设备的并不多。翻新胎涉及安全问题，一直没有得到有效的推广，这使我国与国外翻新胎的广泛应用仍然存在较大的差距。究其原因，一是新胎价格本来就比较低，没必要使用翻新胎，二是轮胎在设计之初就没有翻新的考虑，等到轮胎废弃的时候已经没法进行翻新。热裂解作为当前能对废旧轮胎真正"吃干榨尽"的处理方式也因为其价格过高，很难在市场全面推广。此外，非法处理的企业造成环境污染问题使公众对整个废旧轮胎再生利用行业都产生了担忧。

（3）销售和使用阶段。

在欧美等废旧轮胎处理成熟的市场，已经形成了广泛的利用通道和途径（ETRMA，2015），包括再循环、能源再生和其他衍生产品，如炭黑和钢丝等的再利用。在中国，废旧轮胎处理后的终端市场不成熟，终端用户不信任再生类产品，而推广活动不足是一个重要原因。由于终端用户的不安全和低质量认知仍然没有改观，翻新轮胎市场正在萎缩。轮胎是由橡胶、炭黑、钢铁和纺织品等一系列成分组成的。在过去的几年里，欧洲的回收商在研发方面进行了大量的投资，以开发新的轮胎衍生材料的终端市场。

然而，在中国并没有官方的计划考虑这类再生产品，回收商更关注橡胶产品。由于前面提到的有限的回收量问题，处理废旧轮胎的终端市场规模仍然很小并且不稳定。如果发展轮胎衍生产品的新市场，可能就会刺激轮胎的回收。此外，当前轮胎再生市场混乱，其中最主要的问题在于缺乏统一的产品标准。各个生产厂家都有自己的生产标准和模具，对质量的控制也不统一，这样就导致了市场上产品的质量和规则参差不齐。这些循环企业并没有足够的动力及资金投资设备和技术。参照欧美的经验，产品的标准化将有利于市场的健康发展，增强终端消费者信心，产生更显著的经济价值。

（4）协调阶段。

当前我国与欧美等国成熟轮胎循环供应链体系最大的不同，就是没有一个专业的废旧轮胎管理机构来组织和协调废旧轮胎管理的各项事宜，导致轮胎循环供应链无法真正形成和有效运转。例如，美国在1989年由政府发起成立了全国性的废旧轮胎管理协会；欧洲从1995年开始成立了生产责任组织，专门用于承接废旧轮胎的各类管理活动。我国成立了行业性组织——废旧橡胶综合利用协会，会员可自愿加入，目前已涵盖了接近40%的企业。欧美的废旧轮胎专业管理组织是法律法规下成立的强制性组织，能够协调和管理废旧轮胎相关问题。但是，我国目前缺乏这种强制性的协调机构，使整个轮胎管理体系权责不清，非正规渠道不少，这给我国废旧轮胎的处理带来了很大的挑战，与可持续发展理念也背道而驰。

通过以上障碍因素的总结和分析可以发现，我国政府和行业协会应该发挥领导作用，为轮胎循环供应链的设计、形成和制度保障提供全方位的支持。当前中央政府正在进行轮胎生产者责任延伸制的相关讨论，仍然需要更多的行动和措施。例如，首先成立一个类似于生产责任组织的专门的轮胎管理机构，由政府授权，行业发起成立。由此机构进一步组织和实施轮胎的信息统计系统、回收渠道建设、部分先进技术的攻关等活动。此外，促进再生企业的税收政策需要更加直接和完善，使这项政策真正给企业带来实际的经济激励作用。从长远看，不能依靠税收的优惠政策，需要形成稳定、持续的经费来源，从制度上明确其是由生产者付费还是消费者付费的收费模式。收取的费用由专业的废旧轮胎管理机构进行支配。显然，推动轮胎循环供应链的形成和有效管理，需要各方的积极参与和支持，权责划分清晰，才能从根本上进行有效管控。

六、循环经济视角下的绿色供应链治理实践建议

随着绿色供应链管理从起步开始向逐步成熟，从原来只考虑或者只重点考虑上下游有经济关系的企业，到开始考虑股东、债权人、政府、职工、社区等利益相关者的影响，绿色供应链管理因此逐步拓展为绿色供应链治理。对循环经济来说，更多的是由政府驱动和引导，除了经济利益，同时重视环境和社会收益。因此，循环经济视角下的绿色供应链治理，需要强化政府引导，同时重视利益相关者的参与。

（一）"以点带面"推动中小企业实施循环经济，积极参与绿色供应链管理

世界自然基金会研究表明，300～500家企业控制着全球15种大宗商品交易的70%的市场，而涉及的生产企业数量达到了10亿。由此可见，充分发挥供应链上核心企业的带头作用，能够影响大量的关联企业，起到以点带面的作用。因而识别供应链上的核心企业，鼓励推动甚至强制要求其开展绿色供应链管理，势必可以影响核心企业产品的整个生命周期，包括原材料采购、生产和消费等各个环节的环境绩效。

从企业层面循环经济实践内容来看，最主要的是企业自身清洁生产的实施。结合我国重点企业已有的清洁生产基础，政府可以考虑出台法规政策以鼓励和要求这些重点企业通过开展绿色供应链管理，进而推动有直接经济往来的关联企业去开展清洁生产，尤其是针对数量众多的供应端中小型企业。如2016年至2018年，工业和信息化部及财政部开展了绿色制造系统集成工作。通过提供资金支持，鼓励企业建立联合体，开展绿色设计平台建设、绿色关键工艺突破和绿色供应链系统构建方向的项目。三年以来，累计支持了368个项目，其中绿色供应链项目为30个。

自 2017 年起，工业和信息化部开始开展绿色制造体系建设，从绿色工厂、绿色产品、绿色园区、绿色供应链 4 个方面打造一批先进典型，发挥示范带头作用。截至 2019 年 9 月 12 日，共发布了 4 批绿色制造名单，其中包括 90 家绿色供应链示范企业。2018 年 10 月 19 日，在工业和信息化部的支持下，由工业和信息化部国际经济技术合作中心联合相关企业、高校、科研院所、金融机构及行业协会等单位，发起并成立了绿色供应链联盟。该联盟旨在通过充分利用各方面力量，整合资源、协作互动，促进绿色供应链管理和技术创新、标准化研究、评价与服务等，促进国际交流与合作，探索绿色供应链投融资模式，进而全方位推动绿色供应链的相关工作。

从核心或重点企业发起、推动供应链上企业的清洁生产实践，以经济手段进行约束，能够真正起到"以点带面"的作用，同时还能针对供应商具体实践情况给出专业和科学的指导意见及技术支持。对监管部门而言，着重监管核心企业并对其提出要求，将会大大降低监管成本。围绕清洁生产，主体企业首先要从设计端考虑原材料使用的替代性、减量化和零部件回收、再利用等。通过绿色采购来把控原材料的使用，通过选择和要求供应商，做到原材料的环保和无毒无害。此外，对企业而言，还需重视对废弃物再利用技术的研发和方案的再设计。当前我国企业着重关注的是废弃物的处理，而较少考虑废弃物的再利用。其主要原因在于废弃物的再利用的成本高，相关的技术不够先进和成熟，因而我国企业迫切需要提升自身废弃物再利用能力，降低成本，提升利用率。

（二）生态工业园区下的绿色供应链管理实践

生态工业园是以工业生态学和循环经济理论作为理论基础发展形成的。生态工业园是一个有计划的材料和能源交换的工业系统，寻求最小化能源和原材料的使用，最小化的浪费，并建立可持续的经济、生态和社会关系（Lambert 和 Boons，2002）。随着政府、企业和社会寻求废弃物和污染排放物的回收和再利用的方式，生态工业园区模式越来越受到关注，比较有代表性的是丹麦卡伦堡生态工业园、日本的北九州生态工业园等。生态工业园的建设得到了很多国家政府的响应，如美国联邦政府发起的生态工业园项目、加拿大实施的生态工业园试点，我国政府也出台了政策以鼓励各地开展生态园区的建设。

考虑到生态工业园的特有属性，园区企业之间已经形成了局部的生态共生网络。但生态工业园并不是个孤立的经济系统，它仍然需要外界资源和能源的供给，其生产出来的产品也要输送到市场。因而对于生态工业园中的企业而言，应在强化园区生态共生网络的同时关注绿色供应链管理外部实践。一是强化已形成的生态共生网络，通过引入更多参与者，发展补链项目，增强共生网络的稳定性。二是由管理部门进行统筹规划，使部分未能参与园区循环的企业尽可能地参与到更广泛的区域循环系统中。在供应商的选择上，突破园区空间地理限制，沿供应链上下游延伸形成柔性、稳定的生态共生网络。在选择供应商和销售商合作时要考察其环境绩效并设定标准，形成供应链下游产品生命周期末端的再循环，综合考虑末端产品回收及处理的可行性。为此，环境保护部、商务部、科学技术部在2011年出台的《关于加强国家生态工业示范园区建设的指导意见》中明确提到要鼓励园区内企业开展环境机制的创新，如推动园区内企业开展绿色采购和绿色供应链管理。三是强化园区与所在社区的沟通，随着居民环保意识的日益提升，针对环保相关的投诉也逐渐增多，生态工业园区管委会及相关企业应保证合规、合法，不对当地的土壤、水等造成污染，同时强化信息透明度，构建与社区的良性沟通渠道。

（三）支持循环经济实践，构造和强化逆向物流体系

当前，我国的可再生资源及原材料、产品的回收再利用率较低。究其原因，有以下几点。

①受限于法规要求，除了当前4类（电器电子、汽车、铅蓄电池和包装物）在开展生产者责任延伸制试点的行业和《废弃电器电子产品回收处理管理条例》中规定的产品外，其他的回收行为均为自发性。

②技术能力不足，与英美日等发达国家差距较大。在技术上没法实现"变废为宝"，进而推高了回收成本，导致企业缺乏足够的经济动力去开展回收再利用。

③资源和产品末端回收主体和体系的缺失，产生了由谁回收、怎么开展回收的问题。

逆向物流是绿色供应链管理中进行原材料和产品末端处理的重要手段。因而，在循环经济系统中，构建和强化逆向物流体系，对于企业层面到区域层面循环经济的实践都有重要意义。

设计并规划完善逆向物流体系，首先，需要根据实际情况，从政府层面以法规的形式来明确回收再利用的责任主体和回收机制，并强制实施。例如，采用生产者责任延伸制或是政府主导的第三方回收体系等。作为补充的消费者回收渠道构建，正规与非正规回收企业的合作等模式都值得去探讨和实践。正规回收商在回收过程中应当了解并明确消费者在回收过程中的关注点，以在质量、价格和信息安全方面上做出合适的决策。中央和地方政府应该提高居民的意识，改善正规渠道的透明度和可追溯性，引导居民参与正式和安全的收集服务。其次，与上下游供应商及客户开展产品设计的合作，从整个生命周期角度考虑拆解、回收、再利用等功能，依照共生关系将回收的资源进行分类再利用，确定回收产品的流向，哪些流向原材料商，哪些流向生产企业，哪些流向第三方处理企业。最后，需要鼓励和支持处理企业（再制造企业）的发展，通过上下游合作，提升处理企业的处理能力、处理规范和标准，与上游制造企业形成良性互动。

（四）开展重点行业和重点地区生态工业园的绿色供应链管理试点项目

我国政府在开展绿色供应链管理试点的过程中，应当重点考虑高耗能、重污染行业。这类行业的重点企业都具备了一定的环境管理能力，部分开展实施了循环经济，相当多数量的企业被规划在工业园区之中，形成了产业集群，更有利于循环经济网络的搭建，对产生的废弃物也能进行集中、统一、规范的处理处置。这类企业供应商同质性较高，更容易形成外部共生网络，产生的集群效应更明显，尤其是在对供应商的管控上，园区可以通过制定更高的标准进行统一约束。由这类企业推动供应链上企业的循环经济实践，能收到立竿见影的效果。对不同区域而言，由于产业结构不同，可在工业化和环境意识较高的地区率先开展区域层面绿色供应链管理的试点、示范，依托当地的生态工业园，逐步探索由园区层面扩大到区域层面的新型循环经济实践。

（五）新兴技术在循环经济和绿色供应链管理中的应用

随着信息技术的涌现和工业4.0的兴起，全面了解新兴技术在循环经济和绿色供应链管理中的应用至关重要。目前，常提到的工业4.0智能技术包括物联网、增强现实、3D打印、大数据分析、云计算、仿真、工业自动化、网络安全等。尽管这些技术在循环经济和绿色供应链管理中的应用和研究仍处于初级阶段，但是已有实践表明这些技术在循环经济和绿色供应链中的应用具有光明的前景。例如，物联网技术和射频识别（RFID）技术能够在循环供应链管理中应用，用于提升产品的可追溯性和强化产品的整个生命周期的信息管理。因而将循环经济原则集成到企业信息系统中也显得十分迫切。此外，有学者还提出了物联网废物管理框架用于可持续城市的建设，将废物管理与整个产品生命周期相结合，给出四项基本策略，即防治废弃物产生、上游废弃物分类、废弃物的准时回收，以及收集废弃物的价值恢复。

（六）提升企业运营层面管理者针对构造循环经济商业模式的能力

循环经济在供应链层次上的实践活动，除了宏观层面的设计以外，在企业层面的操作上仍然需要引起足够的重视。在企业内部，从设计者到运营管理者，再到物流或供应链管理者，都应当提升相应的技能来构建基于企业运营层面的循环经济商业模式。首先对产品设计者来说，它应当聚焦再服务化、再制造、可维修和可拆解/解构的设计，开展循环设计和基于生命周期的设计。同时利用大数据分析和改善生态设计的产品，使产品向智能化方向发展。对于运营管理者而言，它首先应当聚焦在制定符合循环经济的系统指标，如循环利用率、资源效率、生态效率、循环能力等。同时应制订更灵活的生产计划以应对在拆卸和再制造过程中相关部件供应的不确定性。利用增材制造、数字制造、3D打印、新材料成型工艺，以及IT工具和大数据分析来组织清洁生产和废物处理解决。对于物流和供应链管理者而言，它应当建立和改善工业共生的能力，使用设备来改善物料流动和信息的可追溯性和透明度。加强一体化逆向物流相关行动，与非正式部门/回收合作和最终用户发展关系，以改进回收最终办法。在整个能力的发展过程中，注重动态能力的培养是十分关键的，以适应外部环境的变化而保持竞争力。

第三节　循环经济视角下的绿色供应链末端治理

本节对世界范围内发展成熟和普遍实施的末端产品治理模式进行概述，并在此基础上提出了一些思考。

一、消费者负责模式

消费者负责模式是基于消费者付款原则发展起来的，即谁使用或谁购买，最终的处置就由谁负责（消费者付费）。日本和美国加州实行这种治理模式均已超过20年，收到了较好的效果，无论在理论界还是实践界都引发了广泛的讨论和思考。这种模式实质上是强调了个人的公平性，但同时也存在一些不足之处。

日本首先在立法上对废弃物回收进行了专门的规定，如20世纪末实施的《家用电器再循环法》和《促进资源有效利用法》等。这些法律法规对电子类产品的回收进行了明确规定，其目录涵盖了电冰箱到手机等各类型号的电子设备，共收录了30多种产品。其中最为关键的回收渠道主要有两类：一类是由产品经销商或销售商充当回收站，另一类是由政府成立的专门回收点。这些电子产品经过这两类回收站收集之后统一被配送至专业的处理中心或工厂进行下一步的循环利用。这些处理中心和处理厂通常是生产厂商自己负责或委托负责的。目前，日本已经构建了非常齐全的回收及处理网点，遍布全国主要城镇。在此过程中，作为使用方的消费者需要承担整个回收和处理过程中的各类费用，包括运输费用、处理费用等。这些由消费者缴纳的费用最后会到处理企业。具体的操作流程是，消费者在丢弃电子产品时需要向电子产品经销商或者邮局支付相关费用，然后消费者会获得缴费的单据，将其贴在相应的电子产品上，最后才能按照规定日期送至专业的回收点。此外，消费者还可以根据缴费单据上的编号查询，确认自己废弃的电子产品已经得到了妥当的处置，从某种程度上监督了废旧电子的合法处理。美国加州针对废弃电子电器产品的管理也是采用消费者付费的模式，不同之处在于消费者在购买时就需预先支付相应的回收处理费用，防止非法丢弃；具体的回收工作则是由制造企业来组织实施的。

就电子产品而言，虽然最终的处理费用由消费者买单，但是只有生产厂商对电子产品最了解。责任的转移使电子生产企业没有动力去开展促进末端产品最终的回收和处理。从产品的整个生命周期来看，使用前阶段对产品使用的性能及使用后阶段的处理处置起着决定性作用，包括了原材料使用的选择、产品的设计、包装和生产过程。如果能由相关企业在产品生命周期的前期投入足够的精力。例如，模块化零部件使其更方便拆解，简易包装，评估电子元器件使用后可再利用的程度等，就能更有效地减少环境影响，提高末端产品的利用效率。此外，生产厂商的介入还有利于提高下游回收处理企业的工作效率。在消费者付费模式下，如果企业能主动开展面向末端处理的生态设计，并主动介入末端的处理处置，从产品生命周期来说应该能够更具有环保性和经济性。但是，如何激励生产厂商参与是个问题。

二、生产者责任延伸制模式

欧盟从21世纪初开始制定针对电子废弃物回收的法律法规，于2003年颁布，并在2005年启动实施了WEEE指令，此后在2012年对其中的内容进行了修订，形成了新版的WEEE指令，进一步明确了利益相关方的权责，扩大了产品的目录，对回收利用目标进行了重新设定，包括提升了回收利用率的目标。该指令明确了生产者责任延伸制，即生产者需要承担末端产品从回收到处理的经济责任。具体是指，生产者需承担从私人到回收点或中心之间所产生的费用，并且承担后期的处理处置费用。在新版指令中，明确了经销商和零售商的回收职责。经销商或零售商在售出新产品时需要接收同样类型的废弃产品，而且需要免费收集由终端消费者返回的小型电子产品（长、宽、高均不超过25cm）。欧盟对所有成员国的收集率进行了规定，自2019年起，各个成员国每年必须达成65%的收集率目标。德国作为欧盟产生废弃物最多的国家，政府在欧盟生产者责任延伸制的基础上，针对国情，对电子废弃物回收做出了更多的要求和规定。在政府的授权与监督下，德国成立了承接生产者责任延伸制的第三方的协调机构——德国废旧电器登记基金会。该组织由24个电子及电器产品的生产企业和3个专门的主力协会共同组成。其职责包括生产企业的注册，产品数据的统计汇总，协调末端产品的回收和运输。其中后续的处理处置由德国废弃物管理和再生利用协会进行统一管理，并对这类企业进行监督。由此，德国电子废弃物回收实现了以生产者责任延伸制为主导、政府制定强制目标进行监督、而经销商和零售商承担免费的回收服务。个体消费者就近前往电子电器经销商和零售商处放置大部分的废弃产品。

生产者责任延伸制最早产生于废弃电子电器产品的回收利用，其种类繁杂和数量巨大，在实施过程中仍然存在很大的困难。这种制度极大地提升了供应链运营效率，形成了闭环供应链，各个环节都有相关方管理，采用循环经济的手段使废弃电子/电器产品实现价值最大化。由于生产企业承担了主要的经济责任，它们会更多地考虑前端原材料选择，产品设计、生产和包装，努力降低后期的处理处置费用。此外，生产者责任延伸制除了在电子电器产品中的应用外，已经扩展至更大范围的产品。例如，欧洲实施轮胎生产者责任延伸制，成立生产责任组织进行协调和管理，使超过90%的废旧轮胎都得到了正规的处理，并且仍然在探讨包括再利用、再循环和再生在内的多元化用途。在此机制下，轮胎企业降低了环境成本，获取质量稳定、价格更低的再生或循环材料作为原材料。下游的再生市场有序性保障了再生企业"有利可图"，形成良性循环。价值驱动下的生产者责任延伸制显然更易于被市场接受，更具有生命力。

三、跨区域协同治理模式

针对末端产品处理的消费者付费模式和生产者责任延伸制模式都有其适用场景和边界，任何一种并不总是有效的。例如，美国的电子电器产品废弃物的治理模式，各州之间都存在明显的差异，有的选择消费者付费模式，有的选择生产者责任延伸模式，有的是政府主导整个回收和处理过程。产品的特征特性也在某种程度上决定了该采用哪种治理模式，例如，当前我国流行的外卖行业，产生了非常严重的包装物"白色垃圾",这个生产者完全没法解决,只能从消费端入手,可以采用消费者付费的治理模式。采用类似思想的还有我国2008年实施的"限塑令"等。"限塑令"明确禁止了生产和销售超薄塑料袋,而且消费者在使用时必须额外付费购买。目前,我国吉林省已经开展了全面"禁塑",海南省开始了分阶段的"禁塑"试点。跨区域的协同治理才是末端产品处理处置的大难题。显然,供应商和消费者的分布广泛为如何治理废旧产品带来了很大的挑战。各个区域的法规不一致,执法程度不一致,包括回收系统和处理企业的能力的差异,使废弃物管理困难重重。我国曾推行包括汽车电子产品在内的生产者责任延伸制试点,多年过去了,仍成效不大。在当前贸易全球化的背景下,废旧产品的协同处理显得尤为重要。例如,进入欧洲市场,它们会根据自己对相应产品的管理要求来让出口企业首先缴纳处理保证金等。发展中国家的市场也逐渐加强了对这方面的重视,这也是出口型企业需要履行的社会责任之一。

生命周期末端产品的处理是个明显的社会问题,从各国治理手段来说,都有立法和详细的规定来界定清晰相关利益方的权责。考虑到区域之间的差异,可能由消费者付费模式似乎更能体现出一致性和公平性。但仍然会带来诸如回收点分布和建设,处理处置企业的产能、技术实力等问题,还有其中的运输物流成本等必然会导致不同的区域对消费者付费模式中收取费用的差异。更具有市场化的生产者责任延伸制治理模式会存在同样的问题,不同区域成本不同,并不是所有的产品都适用于生产者责任延伸制。我国大量的生产基础性商品的中小企业显然也无力承担相应的费用,这也为整体的处理效率和公平性带来了困难。

我国当前仍在探讨其中的一些措施和方案。例如,长三角区域的绿色供应链联动通过构建平台使这一区域内的企业能够加强合作,在长三角区域层面上推动废弃产品的回收和处理。各地根据自己的产业分布和技术优势等,合理分工合作,在打造绿色供应链的同时,考虑区域层面的循环经济实践,最终实现废弃产品的有效治理。这是对跨区域协同的有益探索和尝试。

第七章　供应链战略与绩效考核

第一节　供应链类型与企业战略匹配

战略是指导组织发展方向和明确发展目标的长远规划，它注重全局性、长期性、竞争性和具体性。战略要解决以下4个问题。

第一，我们是谁？（使命）

第二，我们要去哪儿？（愿景）

第三，我们在哪儿？（现实）

第四，怎么去？供应链战略如何承接企业战略（战略设计与路径）？

简单来说，一家企业执行成本领先战略时，所生产的产品往往是日常功能型产品，如方便面、经济型汽车等，日常功能型产品的特点是可以满足客户基本需求、产品生命周期长、需求稳定、可以预测。生命周期长、需求稳定也意味着竞争较为激烈，产品利润不高；可以预测意味着企业可以根据需求比较确定地安排生产计划，形成稳定的生产节奏。成本领先战略比拼的是管理的精细程度，需要供应链系统全员参与、持续改善，以提升能力，推动成本的不断降低，从而形成市场竞争优势。这种供应链类型被称为精益供应链。其典型的代表企业是以精益生产著称的丰田汽车以及以"价格屠夫"著称的格兰仕。精益供应链以生产为改善中心，不断扩大到整个供应链，其生产模式被称为精益生产，对应到供应链战略为精益供应链战略。

当企业执行差异化战略时，产品往往是创新型、高科技、时尚类产品。创新型、高科技、时尚类产品的特点是能满足客户个性化需求、生命周期短、需求难以预测。这类产品因为能满足客户的个性化需求，所以利润比较高，但难以有效预测，对企业而言，根据需求变化及时有效地交付比降低成本更有价值，所以最佳匹配的供应链为敏捷供应链，以柔性生产方式快速交付，其典型的代表企业是ZARA。

如果产品与供应链类型匹配错误，会有什么问题呢？创新型产品如果匹配了精益供应链，客户急得嗷嗷叫，企业却把精力放在5S等基础性工作上，追求持续改善，这样有可能产品做好了，客户却丢了。日常功能型产品如果匹配了敏捷供应链，交付速度很快，如空运方便面，但客户更关心价格，对你的快速生产并不领情，利润就会丢失。

丰田为什么会打开大门允许其他企业来参观学习？因为按照80/20法则，日常功能型产品品类占了20%，总销售量占了80%；创新型产品品类占了80%，总销售量只占20%。丰田之所以允许其他企业来参观，是因为世界上80%的企业属于敏捷供应链，这类企业在丰田很难取到真经。此外，还因为产品类型、行业地位、市场环境皆不相同。我曾与国内企业家研修团一起去丰田学习，在交流环节，国内的企业家问了很多诸如"供应商不配合怎么办""员工流失怎么办"这样的问题，丰田的日本干部听到问题后呆了一下，回答说丰田的供应商都很配合，员工都是终身雇用，极少流失，没有遇到中国企业的这些情况，最后只是把丰田的生产模式又讲了一遍。敏捷供应链应用精益管理模式，有可能工厂现场管得很好，却交不出客户要的货。而剩下20%的精益型企业很难赶超丰田，因为丰田的供应链是大野耐一结合丰田实际情况制定的，深入骨髓的持续改善文化与改善力，其他企业要么学到的只是丰田的"形"，要么学到的是昨天的丰田。

要注意，企业产品是有变迁周期的。刚开始的创新型产品，随着产业的成熟，终归会变成日常功能型产品，甚至消亡，比如说当年的BP机与大哥大，从刚开始的奢侈品变为普通品，再到最后消亡，价格也一落千丈。企业要随着产品的变迁及时调整供应链类型，否则就会产生不匹配的情况，不可避免地走下坡路。戴尔电脑就是这样的一个例子，其在创业时个人电脑属于高科技产品，匹配敏捷供应链非常合适，产品与供应链匹配，戴尔电脑高速发展。但随着技术的不断成熟，个人电脑从高科技产品变成日常功能型产品。这时戴尔需要重新适配：一种方法是靠研发把产品从日常功能型产品重新拉回到创新型产品，如苹果与微软；另一种方法是产品定位还是日常功能型产品，将敏捷供应链切换为精益供应链，但这方面戴尔与更具精益基因的民营企业相比并没有多少优势。将供应链切换成精益模式，将自有工厂出售，选择精益型代工厂代工，戴尔则专注在供应链的辅导与管理上，这样可能会是更好的选择。

第二节 制定企业供应链战略

在辅导企业制定供应链战略时，我们会先开一个供应链愿景工作坊，带领团队绘制企业供应链愿景，目的是给供应链战略的制定过程赋能，使战略以未来和成果为导向。在绘制企业供应链愿景时，企业可以从4个维度进行思考，即客户的维度、供应商的维度、企业管理者的维度和内部利益相关方维度，这种思考方式可以保证愿景与战略更加全面、平衡。

有了企业供应链愿景图做指引，团队可以使用SWOT分析法和平衡计分卡两种方法来制定供应链战略。

一、应用SWOT分析法制定供应链战略

下面结合一家民营企业供应链战略制定的实例对应用SWOT分析法制定供应链战略的步骤方法进行介绍。这家企业的产品类型为日常功能型产品，匹配精益供应链。

（一）确定供应链战略目的及范围

这一步骤的主要目的是澄清企业制定供应链战略的目的与本战略所涉及的范围。

范例：本企业制定供应链战略的目的是通过整合本领域价值链上下游合作伙伴的资源，充分发挥合作伙伴专业能力，提升供应链各方的过程管理能力，为客户提供专业产品和服务，提高运营有效性和效率，实

现合作共赢，满足组织发展与变革需求。

企业供应链战略的范围包括依据内外部顾客的需求与市场订单，调动内外部资源，对产品设计、采购、制造、交付各环节进行组织与协调，实现有效管理。

（二）明确供应链战略制定的权责规定

这一步骤主要对供应链战略规划的职能部门进行界定，对制订人、审核人、批准人、其他配合部门权责进行界定，使权责明晰。

范例：供应链管理部为供应链管理的职能部门，负责组织供应链战略规划的制订、实施与监测，并根据需要及时组织修订调整。

供应链管理部总监负责审核供应链战略规划的制订、调整以及所需资源的配置，并代表供应链管理部向相关职能部门通报供应链战略规划，监督本规划的执行落实。

总裁负责批准供应链战略规划，并提供必要的资源。

各部门负责按供应链规划要求贯彻实施。

（三）确定供应链战略体系

供应链战略体系包括使命、愿景和价值观。

使命范例：提供人性化的专业产品和服务。

诠释：基于供应链管理现状和标杆精益管理的差距，通过系统运用并优化资源、技术、方法和工具，提高产品质量，缩短交付周期，改善工作环境，提高供应链运作效益，提升供应链整体竞争能力。

人性化的具体内涵：及时、准确地满足客户个性化需求和提供物超所值的产品或服务，特别是客户对安全、节能、环保、舒适、周到等特性的需求，不给客户增添麻烦，并给客户带来快乐。

愿景范例：成为本领域最佳的集成供应链。

诠释：集成供应链包括系统产品集成和供应链的集成。系统产品集成是指持续创新产品及产品组合，为客户提供专业产品、系统解决方案和产品全生命周期的服务保障。供应链的集成是指供应链上的每个成员共享信息、同步计划，使用协调一致的业务处理流程，共同应对复杂多变的市场，为最终用户提供高效、快捷、灵活、可靠的产品和服务，从而在竞争中获得优势，最终实现产品和服务质量最佳、交付速度第一、供应链成本费用率最优，成为该领域供应链标杆企业。

价值观范例：快速、高效、和谐、共赢。

诠释：快速是指既保持常规条件下组织管理体系高效运作，又能在特殊任务条件下敏捷地响应。高效是指高绩效，通过优质、低耗、效率高、收益高来体现。和谐是指目标观念协调一致，信息共享准确及时，行为步调顺畅统一，资金流动快速有序。共赢是指协同作战、优势互补，实现供应链利益最大化。

（四）通过SWOT分析派生出供应链职能战略

通过对行业的机会与威胁、企业的优势与劣势进行分析，得出企业。共有4种供应链战略，分别是基于供应链优势–机会的S–O战略、基于供应链优势–威胁的S–T战略、基于供应链劣势–机会的W–O战略、基于供应链劣势–威胁的W–T战略。

案例企业的供应链职能战略是以丰田为标杆，推行精益供应链，优化并掌控关键供应链资源，把握时机通过战略联盟、收购、自建等后向一体化策略控制关键模块和技术，提高零部件标准化、模块化水平和管理能力，完善以终端客户为导向、合作共赢的供应链管理系统。

（五）输出战略措施

以案例中的企业为例，这家生产日常功能型产品的企业所输出的战略举措如下。

（1）系统识别供应链要求，分析与标杆企业（丰田）的差距，进行供应链设计；在供应链全过程推行全面质量管理、精益生产。

（2）识别供应链关键点，掌控关键供应链资源，把握时机，通过战略联盟、收购、自建等后向一体化策略控制关键模块和技术。

（3）提高零部件标准化、模块化的水平和管理能力。

（4）不断完善以终端客户为导向、合作共赢的供应链管理系统，提升供应链整体竞争能力。

（5）引进和培育供应链管理关键人才，包括供应链战略管理、高级精益生产及工艺管理、高级全面质量管理、高级供应链计划管理、高级物流管理方面的人才。

（6）实施供应链信息一体化建设。

（7）逐步实现生产、物流、质量监控的自动化或半自动化改造。

（六）输出关键任务与行动计划

在制订具体的行动计划前，先分析自身拥有的资源、面临的潜在风险，在此基础上明确应对风险的举措以及具体的行动计划。

二、应用平衡计分卡制定供应链战略地图

企业在制定供应链战略时，结合平衡计分卡呈现供应链战略是另一种常用的方法。平衡计分卡直观明了，与企业战略衔接，从财务、客户、内部流程、学习与成长4个维度进行平衡管理，背后的基本逻辑包含3个层面。

（1）用"共赢"指标来平衡外部与内部。一方面企业要盈利（财务指标），另一方面企业要与客户共赢，企业必须在这两方面进行平衡。企业供应链要盈利，最好的办法是提高售价与降低成本，但有可能牺牲客户的利益，降低客户的满意度。这两者必须实现平衡。

（2）用"因果"指标来平衡过程与结果。财务数据优异，客户满意，这是结果。结果不会自然发生，而是依赖内部流程系统的有效产出，所以敏捷研发、精益生产、JIT采购等一系列运作管理应该精细化。

（3）用"远近"指标来平衡短期与长期。现在的财务数据、客户满意度、流程管控都是昨天努力的结果。要想未来好，需要在学习与成长层面不断投入。

第三节　供应链绩效评估

管理学认为，如果你不能测量，就不能有效管理。为了衡量企业供应链战略的实施效果，供应链绩效评估的设计就显得尤为重要。我们先了解全球范围内对卓越级供应链的评估体系，然后再来谈谈如何设计自己企业的供应链绩效评估体系。

一、全球视角看供应链卓越绩效评价

从全球范围内的优秀供应链企业的评选来看，每年的上榜企业沉沉浮浮，所以最新榜单的意义已不大。同时，任何评选都会有一定的局限性，尤其是供应链的评选，因为行业不同，评选者是很难做出科学合理的评价的。Gartner（高德纳公司）的评选也不例外，它要求上榜企业必须是上市公司，要有一定的营收规模，像华为这样的非上市公司就没机会参选；专家主观打分比例占50%，公共关系好的企业相对占便宜；缺少对客户满意度的调查，在市场中占垄断地位的企业相对占优势。瑕不掩瑜，忽略这些不足之处，企业能从这份榜单中学到什么？如何找到有意义的供应链绩效评估指标？上榜企业的供应链优势是如何建立起来的？

以 Gartner 2021 年供应链绩效的评选为例，我们对供应链绩效指标进行解析。

榜单上除了前25名供应链绩效最佳的公司外，另有5个供应链大师，即亚马逊、苹果、宝洁、麦当劳和联合利华，因在过去10年中至少7年综合得分在前5名，所以晋级供应链大师级，这有点儿像明星的终身荣誉奖。然后是其他优秀企业的角逐。我们结合榜单与评价指标进行解读。

Gartner 的评分方法为综合得分制，综合得分为各指标乘以权重后加总，即2021年综合得分=（同行意见×25%）+（Gartner意见×25%）+（3年加权总资产报酬率×20%）+（库存周转率×5%）+（3年加权收入增长率×10%）+（ESG部分分数×15%）。

总结一下，从专家维度看供应链绩效，主要从总资产回报率、库存周转率、收入增长率、企业社会责任四方面来衡量。其本质是提倡轻资产运作，通过外包与资源整合实现快周转，通过恰当的战略实现收入增长，强化社会责任保证可持续发展。

二、企业视角看供应链卓越绩效评价

从企业内部视角看供应链绩效，尽管供应链管理的指标纷繁复杂，但其关键逻辑架构是一致的。

净推荐值是一种计量某个客户将会向其他人推荐企业或服务可能性

的指数——没有什么能比把你的用户直接发展为你的业务推销员更有说服力的了。净推荐值反映了企业的产品或服务的口碑，以及用户转介绍的意愿，是衡量客户忠诚度的有效指标，能区分企业的"不良利润"和"良性利润"，净推荐值法最大的优势是建立了与企业盈利增长之间的强相关性。

NPS模型可以简化为两个问题、一个行动。

第一个问题："你有多大可能把我们（产品、服务、品牌）推荐给朋友或同事？请选择0～10的数字进行打分。"

0分代表完全没有可能推荐，10分代表极有可能推荐。然后依据得分将用户分为3组：推荐者（9～10分）是产品忠诚的用户，他们会继续使用或购买产品，并愿意将产品引荐给其他人。被动者（7～8分）是满意但不热心的用户，他们几乎不会向其他人推荐产品，并且他们可以被竞争对手轻易拉拢。贬损者（0～6分）是不满意的用户，他们对产品感到不满甚至气愤，可能在朋友和同事面前讲产品的坏话，并阻止身边的人使用产品。NPS值用推荐者数占总人数的百分比与贬损者数占总人数的百分比两者之差来反映客户满意度，即净推荐值（NPS）＝推荐者数/总样本数×100%−贬损者数/总样本数×100%，净推荐值的区间为−100%～100%。通常NPS分值在50%以上被认为是不错的，NPS得分在70%～80%说明企业已经拥有了一批高忠诚度的口碑用户。

第二个问题："你给出这个分数的主要原因是什么？"

深入了解用户推荐或不推荐产品的原因并做好统计。

一个行动：探究客户不满意的原因，进行流程改进。

企业应深入了解用户推荐或不推荐产品的原因，积极采取多种措施，尽量增加推荐者、减少批评者，从而赢得企业的良性增长。

客户满意度是结果，其过程指标来源于4点，即质量、成本、交期和服务（即日本企业常说的QCDS）。用企业的库存管理水平来衡量供应链运营的质量，相当于对人的体重的监控，体重超标反映的是不良的生活习惯。供应链的质量、成本、交期和服务上的问题，很快就会反映到库存这个指标上。

三、供应链绩效考核的原则

关于供应链绩效考核，企业应遵循3个原则。

（一）成对考核，综合平衡

高质量才是低成本，低库存才能快交付。供应链绩效管理的实质在于平衡质量与成本、交付与库存这两对看似矛盾但实则统一的指标。这意味着在考核时，必须同时考核成对的指标，如果只考核单一的指标，势必会牺牲对应的平衡指标。例如，如果只考核采购部的降本，那么采购部很有可能通过牺牲质量指标，找质量差价格低的供应商来完成自己的KPI；如果只考核采购部准时交付率，采购部很有可能会通过多买、牺牲库存来达成考核指标。

（二）以终为始，客户导向

选择供应商时，如何设计质量与成本指标的权重？质量到底是占40%还是占50%？这类问题常在内训时被学员问起。问题的背后，是企业各职能部门在争夺供应商选择的决定权。如果只站在企业的角度，你会发现这个问题是无解的，但如果站在供应链管理的角度，以终为始，以客户为导向，答案就非常清晰——核心客户如何选择我们，我们就怎么选择供应商；客户如何评价我们，我们就如何评价供应商。如果客户选择我们时，权重分配为：质量占50%、成本占30%、交期占20%，那么我们选择与评价供应商时，也得按照质量占50%、成本占30%、交期占20%的权重分配。只有这样选出的供应商才符合我们供应链的要求，才能让客户满意。

（三）统筹全局，避免零和博弈

供应链强调系统思维，设定供应链绩效指标的范围，也应从全局考虑，避免零和博弈。个别企业在推行供应链管理活动时，三观不正，总想把自己该承担的责任转移给合作伙伴，最常见的是企业降库存时，打着"供应商管理库存"的旗号，将自己的库存转嫁给供应商。供方的货到了我们的仓库，不算我们的库存，仍算供应商的，什么时候领用什么时候算我们的，有的企业还借此强收供应商的租金。这种以转移库存为目的的所谓"供应商管理库存"活动，短期看优化了企业自己的指标，但长期看没有任何成效。因为库存无论怎么转移，都存在于供应链中，这样就存在库存成本，羊毛始终出在羊身上。供应链管理者必须把供应商、经销商的库存当成自己的库存来一同优化，不要在供应链之间玩转移的游戏，而是要供应链上下游一起努力，把库存以最快的速度送到客户手中，而非送进仓库。

四、咨询工具：用平衡轮平衡供应链绩效

在咨询时，我们经常与客户团队一起使用平衡轮来对目前的供应链绩效进行全局观察和分析，并进行测量、分析与改进。平衡轮分上下两部分，上半部分为绩效指标，包括交付、库存、质量、成本；下半部分为管理过程指标，包括战略、流程、组织架构、信息技术。

使用供应链绩效平衡轮，回答以下5个问题，并在平衡轮中进行标注。

（1）团队对平衡轮中8项指标的评分分别是多少？最低为1分，最高为10分。（用黑色笔画出）

（2）观察平衡轮，你发现你们企业供应链的优势是什么？你们企业是如何获得该优势的？

（3）要想赢，你的企业需要提升哪方面的绩效？提升到多少分？（用灰色笔画出）

（4）如何提升企业当前的短板？（措施）

第八章　供应链质量与成本管理

第一节　供应链全生命周期质量与成本

一、供应链质量与成本的哲学关系

在争夺客户的竞争中，供应链仅有高效、灵活的响应还不够，有的客户更关心性价比，即质量要高，成本要低。供应链可持续的高质量与低成本改进系统，体现了竞争的耐力，我们称之为健壮。有的企业缺乏成本改进能力，在投标中发现竞争对手报价比自己的报价低不少；有的企业缺乏质量管控能力，虽然拿到了订单，但供货中的几起质量异常事件就让订单利润化为乌有，甚至亏损。

企业做不好质量，做不好成本管控，问题不在于企业不重视质量和成本。到目前为止，我没有发现一家企业是不重视质量和成本的，有的企业甚至已经重视过头了。其核心问题是很多企业，包括高层在内有一个错误认知，认为质量和成本是对立的，要获得高质量必然付出高成本。一旦有这样的认知，企业就会在质量提升与成本降低上顾此失彼，左右摇摆。降成本时不考虑质量，提升质量时不顾及成本，即一个绩效指标的达成是以牺牲另一个指标为代价，这样就错失了供应链的成长机会。所以，在供应链健壮性绩效改进当中，第一个要解决的问题是纠正对质量与成本之间关系的哲学认知。

供应链当中质量与成本的哲学关系是什么？供应链中高质量才是低

成本。

这就如同企业招聘，优秀的人才薪资可能高，但给企业创造的价值更大，而不称职的人可能薪资低，但给企业带来的损失更大。供应链绩效当中的质量与成本，与企业招聘类似，高质量有可能采购价格高，但总拥有成本（Total Cost of Ownership，TCO）往往低；低成本前期付出的少，但由于质量问题频发，企业所付出的总成本反而更高。请永远记住：客户买一件商品，只有付钱那一刻关心价格，剩下的所有时间，都在关心质量。

质量成本包括为了保证质量而投入的预防成本、鉴定成本，还包括质量问题给企业带来的损失（内部失败成本及外部失败成本）。供应链的质量问题，让有些企业付出了金钱的损失，有些却付出了整个企业的生命，其中不乏知名企业。对此，企业的高层一定要对此高度重视。

2007年，美泰的供应商广东佛山利达玩具因供方在网上采购了20千克不合格色粉，导致产品重金属含量超标。产品出口美国后被检出重金属含量超标，美国媒体大肆宣传中国的玩具是"毒玩具"，美国当年停止了中国所有玩具的进口。利达玩具工厂关门后，几千名员工失业，被员工称为好老板的张树鸿先生在仓库上吊自杀。

2008年，三鹿奶粉因收购的原奶中含三聚氰胺，企业缺乏有效管控措施，使问题奶粉流入市场，给广大消费者带来巨大伤害，包括董事长田文华在内的数名企业高管受到法律制裁，产销量连续15年排名全国第一的三鹿奶粉就此破产倒闭。受此牵连，大量中国消费者在全球抢购国外品牌奶粉，许多奶粉品牌针对中国消费者实行限购。中国香港海关关于超带奶粉是违法行为的宣传标语，更是中国乳制品企业供应链管理者的耻辱。中国奶粉企业供应链要耗费数十年才能重建消费者信任。

供应链的质量管理，让一些世界知名老牌企业也付出了沉重代价。例如，2010年，产销量全球第一的车企丰田因为"刹车门"事件，宣布全球召回910余万辆汽车，丰田遭受经济与品牌双重损失，成就了竞争对手欧美车企近年的高速增长。

伪降本的企业，总喜欢将供应商的价格降下来，或者总在找更便宜但绩效不好的供应商，忽视企业在后期因鉴定甄别、返工返修、客户投诉索赔而投入的巨大人力和物力，其与优秀供应商之间的合作关系也每况愈下。企业在供应链管理上要做有价值的事，不做好做但无效的事。

在供应链中，一次把事情做对，提升质量管理能力，减少退货与客户投诉处理的一系列成本，增加客户的满意度，增加客户的转介绍，才是最佳的降本策略。

二、质量提升与降本的最佳实践：物料归一化

高质量与低成本，鱼与熊掌如何兼得？答案是推行物料归一化，其关键在于供应链与研发技术的有效配合。

在为企业做供应链降本咨询的过程中，笔者的团队开发了30多种供应链降本工具，但如果只推荐一种，那就是物料归一化。物料归一化既能提升质量，又能降低成本；既能降低库存，又能提高可交付性。物料归一化在提升供应链绩效上潜力巨大，但可惜的是很多企业因为跨部门合作能力的缺失，一直未能发掘这部分金矿。

物料归一化对提质降本之所以有效，主要是因为很多企业的产品研发无规则的"创新"导致物料规格繁多。请注意，这里的创新是加引号的，很多公司有产品研发，但没有研发管理。研发内部缺乏信息共享，研发人员为了显示自己的与众不同，宁可自创，也不采用别人的方案。还有的企业因为有一个极其错误的考核导向，对研发人员的绩效考核以新出设计图纸数作为绩效考核依据，研发人员每接到新项目，就会在老图纸上改一笔。千万别小看这一笔，因为这一笔，ERP里就会产生了一个新料号，就要重新与供应商询价、重新开模、验证样品。这种"创新"不仅不会给客户创造价值，还会增加供应链的复杂度，造成巨大的浪费。这类无节制的"创新"，在发展越是迅猛的企业越严重。有的企业里连螺丝这类标准件也会有多种型号，长度多一点就是一个新规格。有的甚至还是非标准产品，但一年的用量就那么百十来个儿，还美其名曰"多品种小批量"。这正是导致价格高、质量难以保证、供方不愿做、交期难以保证的罪魁祸首之一。

物料归一化可以分为4个层级，即标准化、通用化、模块化和信息化。

标准化是指将物料清单里品类繁多但不能给客户带来额外价值的物

料规格进行整合。

通用化是指品类无法整合，但可以将接口统一。例如，手机充电器厂家希望产品体现个性化，这时可以把手机充电器接口统一，其他部分保持个性化设计，使其既具有通用性又保留了个性化。如果能实现，大家出差就不用带多个充电器了。

模块化则是指将零部件预先组合成模块，像搭积木一样，客户的订单就可以实现快速搭积木式的组装。

信息化是最关键的一步，它是指给标准化、通用化、模块化建立数据库，建立物料重复使用指标，当研发人员在做新品开发时，不必再盲目地重新设计，而是可以优先从数据库中选择。这样可大幅节省研发时间与供应链成本。

在企业中推行物料归一化时可以参考以下6个步骤。

第一，成立物料归一化（标准化）跨部门小组。小组成员至少包括研发工程师、采购工程师、仓库管理员、质量工程师，若有可能，可邀请财务与供应商代表参加。

第二，小组成员进行头脑风暴，列出成员观察到的公司品类多而杂的项目。

第三，对头脑风暴出来的项目，用价值矩阵来做选择，确定哪些项目可优先做归一化。在价值矩阵中，根据价值高低和实施难易程度分为4个象限，价值高、易实施的项目优先实施物料归一化。

第四，目视化，将已选定的项目所用到的物品在会议室陈列或在走廊通道悬挂展示，以增强大家采取行动的决心。

第五，指定技术研发人员为相应品类的小组组长，形成工作计划。

第六，定期总结、配套实施激励计划（物质激励、精神激励）。

当小组做归一化有分歧时，可借鉴丰田造车的哲学，即看得见的地方尽量不一样，看不见的地方统统都一样。

物料归一化做完之后，可以进一步形成物料优选库。物料优选库是将物料管理菜单化，不断淘汰使用率低的物料，这样在研发设计环节就开始进行物料管理了，从源头解决物料管理多杂难的问题。

物料优选库做完之后，进一步针对物料优选库中的物料进行价值分析、竞品拆解，并让供应商参与早期研发，这样就可以在质量和成本方面实现大幅度的优化。

三、丰田车把手的降本提质

"多品种、小批量"最早来源于丰田的精益生产模式，一直在我国盛行。有一次我在某国际论坛上与丰田的一位副社长同台做交流，我问他是怎么看丰田提倡的"多品种、小批量"的。这位副社长一脸惊愕地说："我们从来没提倡过'多品种、小批量'，我们提倡的是'多批次、小批量'，即生产过程中多次换线，以准时制生产方式及时生产、准时供货。"所以，国内企业还是要警惕"多品种、小批量"。对客户有价值的才叫多品种、小批量，对客户没价值的，就是企业物料标准化管理混乱。

在《采购4.0：采购系统升级、降本、增效实用指南》一书中，作者描写了丰田车把手的例子。丰田推行21世纪成本竞争力计划（CCC21计划），推动跨部门协作，推行归一化，通过将35种车把手整合为3种（高档车专用、中档车专用、低档车专用）降本30%。请大家思考一下：35种车把手意味着有哪些成本？35种车把手，意味着有35套设计、35套模具、35个从产品质量先期策划（APQP）到生产件批准程序（PPAP）的验证过程，还意味着有35套检验规范、仓库要留35个货位，ERP里有35个料号，35种断货缺料的可能，35种产品生命周期结束后的呆滞物料，35种装配错误的可能，要留35种售后备件库存。

当车把手缩减为3种时，意味着供应商的生产量扩大了11倍以上，由于规模效应，供应商的固定成本被摊薄；操作工人换线时间减少，学习曲线发挥作用，单位产出时间大幅减少，产出效率提升；同时由于品类少，供应商越做越熟练，直通率提升，成品合格率变高。但对顾客而言，35种车把手与3种车把手并没有本质的区别。

第二节　供应链全链质量管理

一、供应链质量的系统观

供应链的形态大家已经很熟悉了，做供应链质量绩效提升时，必须建立供应链高度的系统观。质量管理于今天，重点已经不在公司围墙内，必须放在整个供应链系统全局考虑，包括供应商的供应商、供应商、核心企业、分销商和用户。

供应链管理中有一个质量成本10倍法则，即供应商的品质问题对企业造成的损失，沿着供应链不断放大，每流经一个节点，处理成本就会扩大10倍。例如，当一个电容出了质量问题，如果是在供应商处发现，挑选出来，只要1元成本，但如果运到印制电路板（PCB）工厂，装到线路板上才发现，损失的成本就会是10元，如果PCB装到整机里才发现，损失成本则高达100元，如果产品运到客户处发生故障，处理成本要1000元。所以质量问题在供应链当中越早被发现，越在前端处理，质量成本就越低。

二、健全的供应链质量管理架构

如何为供应链全链质量管理设计组织架构，是摆在供应链管理者面前的一个重要议题。原来的质量管理架构，是面向工厂的，是局部的，是缺乏系统联动的，也是官僚的。质量部门以质检为工作内容，以"卡"为主，一遇到不符合标准的产品就说"不"，只发现问题，卡住问题，不解决问题。他们认为解决问题是其他部门的工作。

如果放在供应链全链当中，质量管理架构就是3个环套在一起，客户的质量闭环、企业的质量闭环与供方的质量闭环。

企业面向供应链设计的质量管理架构中，有4个职能，分别为客户质量保证（Customer Quality Assurance，CQA）、设计质量保证（Design Quality Assurance，DQA）、生产质量保证（Manufacturing Quality Assurance，MQA）、供应商质量保证（Supplier Quality Assurance，SQA）。这4个职能各负其责，但要形成闭环。

CQA是客户的质量窗口，负责与客户沟通质量标准，处理客户投诉。

DQA是研发的质量过程管理，很多产品质量问题，是研发设计先天不良，DQA通过产品研发的过程管理，保证客户的要求得以实现。

MQA指制造过程的质量管理，通常制造企业会有过程检验（Inprocess Quality Control，IPQC）和出货检验（Out Quality Control，OQC），都

属于MQA的范畴。

SQA是供应商的质量管理，负责供应商准入时的质量能力考查，企业与供方联合进行质量问题处理与能力改进。通常来料检验（Incoming Quality Control，IQC）与供应商质量工程师（Supplier Quality Engineer，SQE）都属于SQA的范畴。

当客户有一项投诉，CQA往往要到客户现场去做质量问题处理，紧接着要向公司内部传递，分析是研发的原因（DQA）、制造的原因（MQA），还是供方的原因（SQA），然后通过相应职能进行原因分析并提出改进对策。

面向供应链的质量管理架构，往往DQA缺失，SQA薄弱。其中每种质量控制都要以百万不良率（Parts Per Million，PPM）为质量控制的标准，做好质量管理的3步，即质量策划、质量控制和质量改进。

有些企业，供应商出了质量问题，搞不清是采购部门去处理，还是质量部门去处理，反映在组织架构上，就是供应商质量工程师是放在质量部下面，还是采购部下面。事实上，无论怎么做都各有利弊：让采购部门去处理，可以让采购在选供方时更有责任心，但采购缺乏解决质量问题的专业能力，只能把不良情况通报给供方，无法与供方一道改进质量，不利于供应商质量问题的改进。让质量部门去处理，因为质量部门有改进质量的能力，可以联合供应商做质量改进活动，缺点是让质量部门负责，采购部就容易选低价低质的供方，反正出了质量问题有质量部门去兜底。供应商质量工程师放在采购部门还是质量部门，要服从企业当前的阶段与目标。如果企业新产品、新物料的需求多，那么从供应链的角度看属于敏捷供应链，效率更重要，供应商质量工程师放在采购部更合适。供应商质量工程师的主要工作职责是如何把"不行"变为"行"。如果企业大部分是老产品，新开发的任务比较少，那么属于精益供应链，供应商质量工程师放在质量部更有利于与供方联合进行质量改进。

不管哪种，好的供应商质量工程师是供应链管理中的稀缺人才，要提前储备。

三、供应链质量管理应一切以客户为中心

供应链是一个系统，是系统就要找协同点，客户是供应链质量绩效提升的指挥棒。这意味着推行质量改进活动，要从客户端开始。从供应商端改进和从工厂端改进，都违背以终为始的原则。供应链质量管理要以客户为中心，供应链质量绩效改进要从客户开始，到客户结束。

以客户为中心，要把这一点写到公司的质量方针里，并且要做到公司全员知、信、行。

从客户价值角度审视 KPI，公司内部矛盾就可以得到解决。让各部门跳出自己的职能陷阱，以客户为中心，重新梳理自己部门能够为客户提供的价值到底是什么？例如，质量部门就相当于客户在公司的代表，把好质量关，做好质量策划，给各个部门提出改进建议是质量部门对客户的价值；生产部门保证生产出合格产品是生产部对客户的价值。

四、以质量成本为衡量依据

在供应链质量改善当中，以质量成本为改进的依据，即用钱来衡量质量改善的绩效。质量成本包括预防成本、鉴定成本、内部失败成本和外部失败成本。

预防成本是指在投入生产之前的规划、研发、审核、培训等过程中，为了保证最终的质量而投入的成本。鉴定成本包括检验费用、试验设备维修费用、质管员的工资。值得一提的是，质量成本包含品质不过关所带来的损失，失败成本按是否送达客户处，分为外部失败成本和内部失败成本。

内部失败成本指产品在交付给客户前在内部因品质问题而引发的损失。典型的内部失败成本有返工、返修、报废、材料损耗、水电能源损耗、重复检验、加班及相关部门的关联损失。

外部失败成本是指产品和服务送达顾客后，由于质量问题所引发的损失。典型的外部失败成本有客户投诉调查及处理费用、退货和补货费用、产品召回费用、客户索赔或降价损失，除此之外，还有销售额的减少、品牌的损失、客户的流失等。

五、供应商质量绩效改善：分批优化，扶优扶强

快速提升供应商质量绩效指标的最好方法，是每年把供应商当中质量绩效最差的5%分批优化。很多采购人员与质量人员发现，在供应商群体当中，出问题的总是那几家供应商，合作整改很多年一直不见好转，而且可以预见未来也不会好转，在这样的情况下，企业应果断将这些供方分阶段优化，这是提升绩效最快的方法。有些供应商根本不具有辅导性。

另外，对那些对企业未来发展有重要价值、有合作意愿、价值观相同、认同企业愿景与梦想，并且5年以后还能走在一起的供应商伙伴，企业要进行扶优扶强，倾斜资源。

例如，柳州五菱汽车工业有限公司，在帮助供应商质量绩效改善方面就做出了自己的特色。从2017年开始开展供应链提升项目，该项目主要针对供应商产品质量开展一系列提升工作，具体包括从内部管理流程优化、管理方法优化、实操培训基地建设、对供应商开展质量提升培训、构建供应商能力矩阵、供应商防错漏专项提升等。

1.管理流程、方法优化

根据IATF16949要求，结合程序运行情况，开展相关流程文件优化换版。针对薄弱模块细化管理，增加对关键流程文件的把控，使流程更加清晰适用，并在流程修订完成后，对全体SQE及相关部门开展宣贯培训。APQP管理方法优化包括以新项目为载体，规范钣金APQP管理并逐步推广。从开发启动会到关键件识别及工艺评审、模夹检评审，到定期进行项目进度跟进汇报，到过程质量控制和项目资料归档，全方位进行管理规范。

2.实操培训基地建设

五菱汽车工业有限公司于2017年起开始构建公司线旁实操模拟培训基地，组织各相关区域共同开发技能类新员工上岗前的培训课件，共完成80门技能培训课件的开发编写。通过规范技能类新员工的培训课程内容、培训流程，完善培训设备设施等培训基地建设，缩短新员工上岗培训的周期，提高新员工的技能熟练度，有效降低了新员工上岗过程中的

产品质量损失和设备损伤。

3.供应链质量提升培训

针对供应商的质量管理、生产管理研发了18门培训课件,从2017年开始,每年为供应链组织开展高管层面和执行层面的培训。实现了对供应商总经理层的管理理念导入及供应商执行层的管理工具应用推广的目的。

通过领导的带头作用和全员的参与,为供应商能力提升提供有力的保证。

4.构建供应商能力矩阵

根据供应商现有的产品供货情况及设备、人员等软硬件实力,识别形成供应商能力矩阵,用于指导新产品供应商的入围推荐,并将柳州区域供应商能力矩阵开展模式推广至分公司和子公司。

5.供应商防错漏专项提升

通过2019年开展的防错标准化文件推广,3家主要钣金供应商已经完成厂内防错标准化文件编制及发布。2019年对柳州本地6家主要钣金供应商进行防错项目的审计。总共审计防错工位76个,有效防错工位61个,15个防错工位存在防错失效的情况,防错有效比例为80.3%。

2020年五菱工业又针对33家本地供应商组建了"供应链改善及创新学习联盟",自上而下,不仅帮助供应商高层管理人员掌握价值链协同系统、价值链全面降本分析优化、研发技术降本、生产/材料成本优化等供应链降本增效工作思路及方法,还组织供应商的基层管理者班组长进行一线主管技能培训(Training Within Industry,TWI)等辅导,解决了上万元设备没有解决的问题,帮助供应商切实优化了生产效率和提升了产品质量。

在供应链创新联盟的基础上,五菱工业联合几家有潜质、有意愿提升企业信息化水平的供应商,签约组建了"供应链信息化建设联盟",同供应商一起共享信息化建设资源,建立信息化协同机制,在信息化规划和IT技术提升方面为供应商提供更准确的支持,提升供应商整体信息化能力。

企业的资源是有限的,要把有限的资源和时间优先投给最靠谱的供应商。扶优扶强的本质是管理输出，对于供方做得好的地方，可以介绍给其他供应商，企业带领供应商伙伴互相交流、互相促进，共同发展。

六、使用8D团队解决问题方法提升供应链质量

8D团队解决问题的方法来自福特汽车，是福特处理质量问题的一种方法，因为通常有8个步骤，所以称为8D，现在已经成了一种通用的问题解决方法。

8D方法包含8个步骤。

D1：小组成立。

D2：问题说明。

D3：实施并验证临时措施。

D4：确定并验证根本原因。

D5：选择和验证永久纠正措施。

D6：实施永久纠正措施。

D7：预防再发生。

D8：小组祝贺。

正确地完成8D过程，除了能确定根本原因和纠正问题外，对于供方而言，还能通过建立小组训练内部合作的技巧，有效地推进问题的解决和技术的预防，改进质量和生产率，防止类似问题的再发生，提高顾客满意度；对于顾客而言，还能使用8D增强对供方的产品及过程的信心。

第三节　供应链健康降本

一、供应链成本

供应链是一个端到端的系统，它涵盖产品在供应链中流动，一直到交付给客户的全过程。供应链的总成本被分为两部分，即产品成本与供应链运作成本。如果要构建供应链成本竞争优势，就要对产品成本与供应链运作成本的成因进行全面分析，即企业里哪个职能对产品成本与供

应链运作成本有重大影响。

70%的成本在产品设计阶段就决定了。若研发设计的是一个黄金马桶，供应链管理部门无论怎么和供方构建战略合作关系，都无法将成本降到陶瓷马桶的水平，毕竟供应链能影响的空间有限。研发的产品是否能打动客户，在市场上是否畅销，又决定了供应链的运作成本。如果研发的产品是爆款，那么供应链的诸多问题（库存问题、供应商配合问题等）都将迎刃而解；如果研发过程就考虑了方便采购、方便制造、方便物流运输，那么采购成本、制造成本与物流成本就会有先天的优势。

供应链的成本是供应链管理部门与研发部门共同作用的产物。形象地说，供应链的成本，是研发与供应链两个部门结婚后生的小孩，其中研发是爸爸，供应链是妈妈，在成长的过程中，妈妈虽然重要，但先天的基因是父母共同决定的。所以供应链的成本优势，一定要研发与供应链互相配合才能获得。

事实上，在实践中笔者接触的大多数企业，其研发人员大多强势而任性，被公司领导宠坏了，再加上技术人员往往不擅长与人打交道，靠供应链人员去推动研发人员做成本改进很困难，所以在机制上保证就很重要。如何推动研发与供应链协同降本，企业采取的方式各不相同。如果企业超大，执行力又强，如华为，推行集成研发系统（IPD）是一个不错的选择。但笔者在接触了国内一些科技型企业之后，发现推行集成研发系统还是很有难度的，企业除了要外聘顾问，还要有强势领导全程参与。但由于集成研发系统工程庞杂，有些企业推行了一半就不再推行了，项目处于半搁置状态了。那么有没有不需要请顾问，风险又比较低，成功率还比较高的降本方法呢？当然有，那就是宜家家居以及绝大多数日本企业推行的目标成本法。

二、目标成本法

目标成本法是日本汽车产业、家电产业打败欧美同行的法宝，简单、安全、副作用低，中国企业可大胆借鉴尝试。先谈谈欧美企业及中国大部分企业用的产品市场定价方法——利润加成法。利润加成法指研发把产品设计出来后核算成本，加上企业想赚的利润，就是产品售价，用公式表示为：

价格＝成本＋利润

利润加成法的风险在于，产品推到市场后消费者很有可能不接受这个定价。欧美车企研发出很多好车，车好但卖不动，叫好不叫座，这款车没达到预期销量，只好寄希望于下一款产品，再立项新车型，结果车型越来越多，物料种类变得越来越复杂，供应链管理成本也就上去了。

日本企业吸取欧美企业的教训，用目标成本法，也就是用倒推的方式做研发，造就了非常多的叫好又叫座的"神车"，如本田的雅阁、丰田的卡罗拉，一代又一代，越做质量越好、效率越高、营销成本越低。

目标成本法，简单来说，就是在设计阶段，通过市场调查，预测最能吸引客户购买的市场价格，再减去企业预期的利润，剩下的就是目标成本，而产品成本与供应链运作成本必须在目标成本之下完成。

目标成本法的实施，要先通过市场调查与分析，确定最有可能吸引潜在消费者的价格。当然价格也不一定都是越低越好，如果是奢侈品或高风险的产品，高定价也许更能吸引客户购买。对于预期利润，有的企业会固定下来，如必须高于8%；有的则根据市场竞争情况灵活处理，有些企业为了引流，甚至在刚开始定负利润，这与超市在开业时为了引流免费送鸡蛋是一个道理。最有可能吸引潜在消费者的价格减去预期利润，就是目标成本，用公式可表示为：目标成本＝客户接受的价格－企业的目标利润

对目标成本进行分解，确定每个组成部分的分摊成本是一个技术活。以日系汽车为例，汽车的每一项功能都被视为产品成本的一个组成部分，目标成本要分配到每个组成部分，每个组成部分就有一个子目标成本，企业与外部供应商之间，以及企业内部不同部件的负责人之间就子目标成本核算工作进行谈判、协调，甚至重新优化设计。如果最初的成本预算结果高过目标成本，成本计划人员、研发设计人员以及营销人员在妥协和权衡后，定出与目标成本最为接近的计划成本。

小米是国内将目标成本法用得最成功的公司之一。小米的产品定价，总能让消费者怦然心动，产生购买欲望。能做到这一点，主要是因为小米制定了新品不赚钱、只走量的策略。电子器件是随着时间不断降价的，

随着销量的增加，产品总成本不断下降，到达盈亏平衡点后，小米就开始盈利了。小米打破了行业的惯性思维，一开始以亏损的价格进入市场，出奇制胜。但其他企业要模仿还须谨慎。原因如下：一是小米公司亏得起；二是小米多产品（包括投资的企业）共用销售平台，有的产品承担引流职能，不赚钱也没问题；三是小米公司主要做估值，不急于赚钱，随着企业的上市，很多问题也就都解决了。

目标成本法对中国企业最大的启发，是将供应链产品成本优化的责任给了成本的真正决定者——研发部门。也就是说，企业供应链成本的降低，80% 研发部门，20% 取决于供应链部门。

三、面向供应链的设计

研发人员在研发过程中除了要关注产品的设计引发的成本，还要关注供应链运作成本。研发的时候要考虑产品是否方便购买、生产、物流、装卸、回收，是否能让供应链整体运作成本最优，即面向供应链设计（Design For Supply Chain，DFSC）。在这方面，宜家家居在实践中做了大量的创新。

宜家家居的商业理念是提供种类繁多、美观实用、老百姓买得起的家居用品。这就决定了宜家在追求产品美观实用的基础上，要保持低价格，宜家是如何做到的呢？实际上，宜家的低价策略贯穿从产品设计、材料选择、代工厂商管理、物流设计到卖场管理的整个流程。

（1）以目标成本法设计产品。宜家有一种说法："我们最先设计的是价格标签。"也就是说，设计师在设计产品之前，宜家已经为该产品设定了对客户有吸引力的销售价格及目标成本。

（2）宜家拥有自己的低成本设计理念及模块式设计方法。宜家的设计理念是"同样价格的产品，比谁的设计成本更低"，设计师之间进行竞争，比谁的设计成本更低，不断产生更好的创意。宜家用模块化方式进行家具设计，有些模块在不同家具间可通用。

（3）产品设计过程中跨部门团队合作。为完成目标成本，需要跨部门合作，设计师、产品开发人员、采购人员密切合作，并引入专业的供应商参与新品的开发，保证设计的产品质量高、成本低。

（4）为了降低供应链物流成本而不断优化设计。宜家有款邦格杯，为了在生产、储运等环节降低成本，设计师把杯子设计成了一种特殊的锥形，因为锥形能使杯子更快通过设备，同时还能使烘箱中放入杯子的数量最多，从而降低生产成本。宜家设计人员后来又对杯子高度和把手形状进行重新设计，目的是更利于有效地叠放，从而节省杯子在运输、仓储、商场及顾客家中占用的空间。

四、供应链降本的原则

关于供应链成本的优化，笔者在咨询工作中总结出了五大原则和五大方法。供应链降本的五大原则包括以数据统计和分析为基础、聚焦关键少数、跨部门团队作战、创新和担当。

原则一：以数据统计和分析为基础。企业的物料采购成本，从供应链角度，可以细分为：供应商的产品成本，供应商的利润，物流成本（包括包装、运输、装卸），库存成本和质量成本（开发、鉴定、内部失败与外部失败成本）。

在实践中，要降低供应链成本，应以数据统计和分析为基础，对各品类采购成本进行统计汇总，据此考虑如何降低成本。

原则二：聚焦关键少数。80/20法则在采购成本上表现得尤为明显。20%的关键品类，产生了80%的成本。降本时，不要四面出击，面面俱到，而要每次都聚焦在关键少数，全力做20%的品类。第一批20%做完之后，把剩下的品类再分为20%和80%，再聚焦20%的关键少数。我们经常比喻，如果从动物腿上刮油，是在大象腿上刮还是苍蝇腿上刮？不要有大象腿苍蝇腿都不放过的贪婪想法，因为你的注意力在哪里，产出就在哪里，供应链管理要算大账，时间资源有限，一定要时时把注意力放在最有价值的品类上。

原则三：跨部门团队作战。聚焦关键项目后，只靠采购一个部门降本是很难完成的，必须跨部门协作，研发部、质量部、生产部、物流部、财务部都要参与到项目组中。研发部应考虑如何使用新材料、新工艺、新方法；生产部应考虑如何使损耗量更少，更有效率；质量部应考虑如何制定合适的标准，避免质量过剩与质量不足；采购部应考虑如何维护好和供应商的关系；财务部则要考虑是否可通过预付款或缩短账期来换取供方的降价。当几个部门发生矛盾时，要通过数据分析来确定怎样做供应链总成本才是最优的。

原则四：创新。要想获得成本优势，企业必须采取与以往不同的方法，这就要有创新意识，大家进行头脑风暴，鼓励异想天开，有一个创新用词，叫"除非"，很有效。在讨论时，尝试使用如下句式。

这个品类要想再降10个点有点难，除非……

"除非"后面的想法，大家可以积极探索，大胆畅想，很有可能就会产生有效的创新实践。

原则五：担当。如何发现企业人才？在项目中发现。在降本项目组中，经常可以发现勇于承担责任、勇于创新的人才，对于这些人企业要重点培养。从赛马中发现千里马，是供应链降本活动的另一个收获。

五、供应链降本的方法

在咨询实践中，我总结了降本五板斧，包括商务降本、流程降本、技术降本、管理降本和供应链共享共建降本。例如《采购降本五板斧》中对这5种降本方法做了详细介绍，也提供了如何使用这些方法的实践案例。

（1）商务降本。通过调整供需关系，如通过整合采购量、优化供应商数量、招标竞价等方式，实现商务降本。推荐年终返利模式，即通过统计分析，与供方协商，如果一年的采购达到一定量，供方在年终给予其一定比例的返利（如5%），这种方法相对公平。

（2）流程降本。在供应链全过程中，通过删除、合并、重组、简化的方式，对供应链进行优化，改进不增值的环节，提高效率，减少人工成本。与优秀的供方保持更紧密的合作，包括共同开发产品，与供应商共享数据信息，这些都是降低成本的有效方法。

（3）技术降本。研发部门依据价值分析，对品类、数量、规格、结构、材质、加工方法等进行优化设计，以降低成本，这方面潜力巨大。

（4）管理降本。从组织架构、目标设计、跨部门合作、团队激励4个维度着手，通过激发员工动力，创造企业价值，实现利润提升。降本是逆人性的，要用愿景与机制来赋能。

（5）供应链共享共建降本。这是面向未来的降本，通过能力和资源的共享共建，减少供应链中的重复建设，避免资源浪费。能力共建，指的是与供应商构建学习型供应链团队，通过标杆游学、专项提升等方式提升供应链成员的成本改善、质量改善与交期改善能力。

在产品设计的初期，邀请具有伙伴关系的供应商参与买方的产品设计小组，运用供应商的专业知识和经验来同步设计开发，这种方法被称为供应商早期参与研发（Early Supplier Involvement，ESI）。供应商早期参与研发，可以使企业加强与供应商的信息沟通与资源共享，借助供应商的专业能力大幅降低供应链成本，还可以巩固与供应商之间的合作关系，使合作更加默契。

之所以提倡供应商早期参与研发，是因为在产品组成部分的专业度上，供应商比企业内部的研发人员更专业。供应商知道企业竞争对手的产品设计，供应商懂企业不懂的生产工艺。所以，不要只采购供应商的货物与服务，还要挖掘供应商最有价值的部分，即供应商的智慧与专业。利用供应商的专业优势，为产品开发提供质量更可靠、成本更低的设计，可以帮助企业获得性价比优势。

除了在研发阶段让供应商参与外，还应在供应链运作上，激励供应商提出更多、更好的改善创意。很多企业有合理化提案活动，能够激发员工的改善智慧，这个活动不向供应商延伸就太可惜了。只要建立起一个让供方表达专业智慧的环境，供应商的专业与眼界会带给你惊喜。本田特设供应商成本改善奖，当供应商提出好的合理化改善建议，一旦建议被采纳，实现成本节约，本田会按照节省额，本田分20%，供应商分80%（一年期有效）。这在极大程度上激发了供应商的改善意愿，成为本田车系保持成本竞争力的一个重要原因。

参考文献

[1] 姜宏锋.决胜供应链降本增效快响应[M].北京:机械工业出版社,2023.

[2] 施云.智慧供应链架构从商业到技术[M].北京:机械工业出版社,2022.

[3] 施先亮,王耀球.供应链管理[M].北京:机械工业出版社,2023.

[4] 宫迅伟,刘婷婷,邓恒进.供应链2035智能时代供应链管理[M].北京:机械工业出版社,2023.

[5] 王能民,何奇东,张萌.供应链管理[M].北京:机械工业出版社,2023.

[6] 陈晓曦.供应链重构打造以消费者为中心的数智化链路[M].北京:人民邮电出版社,2022.

[7] 罗静.实战供应链业务梳理系统设计与项目实战[M].北京:电子工业出版社,2022.

[8] 佟昕.供应链大数据分析与应用[M].北京:北京理工大学出版社,2022.

[9] 施云.智慧供应链架构从商业到技术[M].北京:机械工业出版社,2022.

[10] 朱庆华.绿色制造丛书绿色供应链治理与价值创造[M].北京:机械工业出版社,2021.

[11] 韩胜建.制造业管理人员玩转大数据大数据赋能供应链管理[M].北京:机械工业出版社,2021.

[12] 刘恒宇.数据驱动下的果蔬供应链管理[M].北京:北京邮电大学出版社,2021.

[13] 阿基拉斯,波西帝斯,艾多尼斯.绿色供应链管理[M].李怡然,洪胜芳,译.北京:中国财富出版社,2023.

[14] 白光利,马岗.未来供应链产业互联网时代的供应链之道[M].北京:清华大学出版社,2023.

[15] 种美香,王珊珊,雷婷婷,等.供应链管理实务[M].北京:清华大学出版

社,2023.

[16] 代四广.供应链大数据理论、方法与应用[M].北京:机械工业出版社,
2023.

[17] 刘伟华,李波.智慧供应链管理[M].北京:中国财富出版社,2022.

[18] 埃克特斯,布拉基斯,米尼斯,等.供应链4.0大数据和工业4.0驱动的
效率革命[M].刘大成,周家弘,译.广州:南方传媒广东经济出版社,
2022.

[19] 乐美龙.供应链管理[M].上海:上海交通大学出版社,2021.

[20] 曹倩.供应链管理中的风险分析及对策研究[M].北京:北京航空航天
大学出版社,2021.